도시 이야기로 배우는 한국어

책임 집필 위원

박진환
러시아 상트페테르부르크국립대학교 문학 박사
現 서경대학교 인성교양대학 교수, 글로벌비즈니스어학부 노어전공 주임교수
한국어 교원 1급

권순지
한국외국어대학교 일반대학원 국어국문학과 박사과정 수료
現 서울대학교 언어교육원 용역강사, 신한대학교 국제교류처 주임강사,
대구사이버대학교 한국어다문화학과 강사, 가천대학교 리버럴아츠칼리지 강사
한국어 교원 1급

김미리
한국외국어대학교 국제지역대학원 한국학 박사과정 수료
現 서경대학교 미래융합대학 강사, 숭실대학교 베어드교양대학 강사
한국어 교원 1급

이지훈
계명대학교 일반대학원 외국어로서의 한국어 교육학 석사
現 서경대학교 미래융합대학 강사, 세종대학교 국제교육원 강사
한국어 교원 1급

도시 이야기로 배우는 한국어

초판 인쇄 2025년 1월 10일
초판 발행 2025년 1월 24일

지은이 박진환 · 권순지 · 김미리 · 이지훈
펴낸이 박찬익 | **책임편집** 권효진 | **편집** 이수빈
펴낸곳 (주)박이정출판사 | **주소** 경기도 하남시 조정대로45 미사센텀비즈 8층 F827호
전화 031)792-1195 | **팩스** 02)928-4683 | **이메일** pijbook@naver.com
홈페이지 www.pijbook.com | **등록** 2014년 8월 22일 제305-2014-000029호
ISBN 979-11-5848-981-6(03710) | **가격** 17,000원

도시 이야기로 배우는 한국어

박진환 · 권순지 · 김미리 · 이지훈 지음

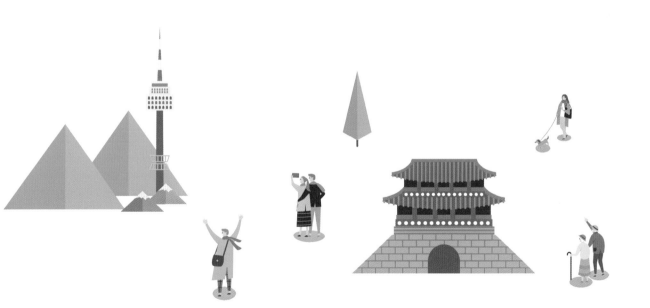

박이정

2023년 통계청이 발표한 유학생 현황자료에 따르면 국내 외국인 유학생 수는 181,842명으로 해외로 떠난 한국인 유학생 123,616명보다 현저하게 많다는 것을 알 수 있다. 과거 한국 학생들이 선진국에서 다양한 경험과 영어를 배우고자 떠났던 현상이 역전되어 지금은 세계 여러 나라에서 한국어와 한국 문화 등을 배우고자 한국으로 유학을 오고 있다. 이 많은 외국인 유학생을 다년간 대학 현장에서 가르치며 느낀 바로는 대학 교재로서 한국어 교재가 매우 부족하다는 것이다. 한국어와 한국 문화를 다룬 교재는 어느 정도 찾아볼 수 있으나 그 내용이 대체로 획일적이고 현대 한국의 실제 모습을 담은 교재는 거의 찾아보기 어렵다. 이 교재는 여기에서 출발하게 되었다. 한국어 능력 중급 이상의 외국인 유학생들이 학습의 부담감을 최소화하며 한국의 여러 도시들을 배우면서 한국과 한국어에 흥미와 재미를 잃지 않기를 바라는 마음에서 개발하게 되었다.

　본 교재는 한국의 도시들을 중심으로 한국어와 한국의 문화를 배우고자 하는 학습자, 특히 한국에서 유학을 하는 대학생들을 위해 준비된 특별한 여정이다. 한국에는 다양한 매력을 가진 도시들이 자리하고 있으며 각 도시는 저마다의 독특한 역사와 문화를 간직하고 있다. 선정 도시들은 권역별 중심 도시들로서 서울을 비롯한 12개 도시들을 선택하여 본 교재를 구성하였다. 한국의 대표 도시들을 탐방하며 그 속에 숨겨진 이야기와 지역적 특색을 통해 한국어와 한국의 역사, 한국의 문화를 배워가도록 기획되었다.

　먼저 한국의 수도이자 문화와 경제의 중심지인 서울을 시작으로, 역사적 유산이 깊이 깃든 수원과 국제적 항구 도시인 인천을 탐방함으로써 한국의 과거와 현재를 연결하는 중요한 순간들을 만나게 될 것이다. 강릉과 춘천에서는 계절마다 변화하는 아름다운 자연 속에서 한국인의 삶에 자연이 어떤 의미로 자리하고 있는지 느껴볼 수 있다. 대전과 청주는 과학과 교육의 중심지로서 빠르게 발전해 온 현대적 도시 문화를 엿볼 수 있는 곳이며, 대구는 다양한 매력이 넘치는 도시로, 예로부터 한국의 문화와 예술을 지켜온 중추적인 역할을 해왔다. 남쪽으로 더 내려가면, 해방 후 전쟁의 아픔과 그 속에서 피어난 희망을 간직한 부산이 자리하고 있다. 전통과 현대가 어우러진 전주에서는 조선 왕실의 뿌리가 머물렀던 흔적과 함께 도심 속에서 독특한 음식 문화를 경험할 수 있을 것이다. 민주화 운동의 성지이자 예술의 도시로 세계적인 비엔날레를 개최하는 광주는 한국의 민주주의와 인권에 대한 깊은 인식을 심어주는 동시에, 예술적 창의성이 돋보이는 곳이다. 교재의 마지막 과인 제주에서는 천혜의 자연경관과 독특한 지역 문화를 통해 한국의 전통과 자연이 조화를 이루는 모습을 만날 수 있다.

이렇게 각 도시의 이야기를 통해 단순히 한국어를 배우는 데 그치지 않고, 그 언어 속에 담긴 지역적 배경, 사람들의 생활 방식, 그리고 문화적 풍부함을 함께 경험할 수 있다. 이 교재에서는 한국을 알아가는 외국인 유학생들의 대화를 통해 한국 문화를 보다 더 깊이 이해하고 자국의 문화를 소개함으로써 넓은 시야를 가진 세계인으로서의 한 걸음을 내딛게 할 것이다. 이뿐만 아니라 이 교재를 통해 중고급 수준의 한국어 문법과 다양한 어휘, 실생활에 유용한 관용 표현을 함께 살펴보며 한국 전문가다운 한국어 실력을 다질 수 있을 것이다.

본 교재를 집필하는데 많은 시간과 노력을 투자해 준 동료 집필진들과 언제나 지지를 아끼지 않는 가족들에게 깊은 감사를 드린다.

본 교재의 수도권 도시들은 서울역사박물관, 수원화성박물관, 인천시립박물관의 자료를 참고하였음을 밝힌다.

그럼 이제 이 교재를 통해 한국의 도시들을 하나하나 만나며 한국어와 한국 역사, 그리고 한국 문화를 깊이 이해하는 즐거운 여정을 시작하시길 바란다.

2025년 새해를 맞이하며
한림관 연구실에서 저자 일동

목차

1단원. 수도권

2단원. 호서

3단원. 관동

4단원. 호남

5단원. 영남

6단원. 제주

일러두기

들어가기

각 도시에 대해 본격적으로 알아가기 전에 학습자에게 생각할 거리를 제시하여, 도시에 대한 첫인상을 떠올리고 흥미를 유발할 수 있도록 한다. 또한 도시 개요를 간략히 소개하여 해당 도시에 대한 전반적인 이해를 돕는다.

어휘 익히기

본문을 이해하기 위해 필수적인 어휘를 익히고, 빈칸 채우기 등의 활동을 통해 단어의 의미와 용법을 확실하게 익힐 수 있게 돕는다. 특히, 어휘는 중고급 수준에서 주로 다루어지며, 이러한 어휘 학습은 앞으로 다룰 도시와 관련된 주요 내용을 더욱 원활하게 이해하는 데 기초를 쌓는 것을 돕는다.

알아두기

학습할 내용에 대한 이해를 돕기 위한 기초 지식이나 배경 정보를 제공한다. 본문을 이해하는 데 필요한 기본적인 개념과 선행 지식을 학습함으로써 본문 학습에 대한 학습자의 부담을 줄이고 새로운 정보 습득에 대한 학습자의 이해를 돕는다.

표현 익히기

학습자가 알아두면 좋은 중고급 수준의 한국어 문법과 표현을 다루며, 학습자가 표현력을 높일 수 있도록 돕는다. 문법 혹은 표현을 예문과 함께 제시하여 문법을 활용하여 문장을 완성하는 연습을 한다.

지식 쌓기

각 도시의 역사적 배경, 문화적 유산, 유명한 관광지, 그리고 해당 지역의 대표 인물 등, 학습자에게 유용한 정보들을 담고 있다. 이를 통해 학습자는 해당 도시의 특색과 매력을 깊이 이해할 수 있을 뿐 아니라, 한국 사회 전반에 대한 지식과 문화적 이해를 넓힐 수 있다. 이 과정은 학습자에게 단순한 언어 학습에 그치지 않고 한국 문화에 대한 폭넓은 배경 지식을 쌓는 데 중요한 역할을 할 것이다.

말하기

학습자가 한국에서 유학 생활을 하는 대학생이 되어 한국의 지역 문화를 깊이 이해하는 동시에, 자신의 모국 문화와 비교하여 생각을 나눠 볼 수 있는 기회를 제공한다. 이 과정은 학습자가 한국어로 다양한 주제에 대해 이야기하는 능력을 키울 뿐 아니라, 한국과 자국의 문화 차이를 비교해 보며 시야를 넓히는 데 도움을 준다. '말하기' 중 흐리게 처리한 곳은 실제 학습자로 대체하여 말하기 연습을 할 수 있도록 했다.

쓰기

각 도시와 관련된 주제에 대해 자신의 생각이나 지식을 글로 정리해 보는 활동을 통해, 학습자가 문장 구성을 연습하고 생각을 논리적으로 표현하는 연습을 할 수 있다. 이 과정은 한국어 작문 실력을 높이는 데 중요한 역할을 하며, 문법적 정확성과 풍부한 표현력을 동시에 기를 수 있도록 돕는다.

유익한 관용 표현

한국어 학습자가 알아두면 좋을 주요 관용어를 소개하고, 그 의미와 사용 방법을 설명한다. 특히, 신체 부위와 관련된 관용어들을 통해 일상적인 상황에서 자주 사용되는 한국어 표현들을 배울 수 있다. 이러한 관용 표현은 한국인의 사고방식과 언어적 감각을 이해하는 데 유용하며, 학습자의 표현력을 더욱 풍부하고 자연스럽게 만들어 준다.

교재의 구성

단원	과	표현익히기
1단원 **수도권**	1과 세계인의 도시, **서울**	A-(으)ㄴ 반면(에), V-는 반면(에)
	2과 경기도의 중심도시, **수원**	N을/를 비롯해서(비롯한)
	3과 대한민국의 관문, **인천**	A-다고 보다, V-ㄴ/는다고 보다, N(이)라고 보다
2단원 **호서**	4과 과학 기술의 수도, **대전**	N(으)로서
	5과 천년의 지혜를 품은 도시, **청주**	V-곤 하다
3단원 **관동**	6과 자연과 레포츠의 만남, **춘천**	A-ㄴ/은 데다기, V-는 데다기, N인 데다가
	7과 햇살 가득한 문화 도시, **강릉**	V-다시피
4단원 **호남**	8과 전통과 현대를 비비다, **전주**	N이/가(은/는) N(으)로 꼽히다, N을/를 N(으)로 꼽다
	9과 문화와 혁명의 도시, 빛고을 **광주**	V-고자
5단원 **영남**	10과 다채로운 매력의 도시, **대구**	V-기 십상이다
	11과 다양한 문화의 용광로, **부산**	N은/는 물론이거니와
6단원 **제주**	12과 자연과 문화의 보석상자, **제주**	N은/는 N을/를 보여주다(나타내다), N은/는 A/V-(으)ㅁ을 보여주다(나타내다)

말하기	쓰기	관용 표현
수도에 대해 설명하기	고향의 수도를 소개하는 글쓰기	입이 궁금하다
성곽에 대해 설명하기	고향의 최초 계획도시 혹은 신도시 소개하는 글쓰기	입이 짧다
최초 기차에 대해 설명하기	고향에만 있는 교통수단이나 교통 문화 소개하는 글쓰기	입을 모으다
과학 도시와 발달 분야 소개하기	고향의 과학 기술 중심지를 소개하는 글쓰기	손을 맞잡다
유네스코 세계유산 발표하기	고향의 유네스코 세계 유산을 소개하는 글쓰기	발을 들여놓다
레포츠를 즐길 수 있는 도시 소개하기	고향에서 인기 있는 레포츠 소개하는 글쓰기	손꼽아 기다리다
지형의 모습을 딴 지명 소개하기	각 나라의 독특한 지명을 소개하는 글쓰기	발목을 잡히다
특별한 음식 소개하기	고향의 특정 지역에서 먹는 음식 소개하는 글쓰기	목구멍에 풀칠하다
역사적으로 중요한 장소 소개하기	고향의 역사적 의미가 있는 지역 설명하는 글쓰기	어깨를 나란히 하다
날씨로 유명한 도시 소개하기	고향의 기후에 대해 설명하는 글쓰기	머리를 맞대다
인기 있는 스포츠에 대해 소개하기	고향에서 가장 인기 있는 스포츠 설명하는 글쓰기	발 벗고 나서다
신화 소개하기	고향의 신화 설명하는 글쓰기	발이 묶이다

박 교수
남, 한국어학과, 50대 초반

에릭
남, 미국, 대학 2학년

사토
남, 일본, 대학 2학년

관위
남, 중국, 대학 2학년

지후
남, 한국, 대학 2학년

띠띠
여, 미얀마, 대학 2학년

호아
여, 베트남, 대학 2학년

올가
여, 러시아, 대학 2학년

시연
여, 한국, 대학 2학년

리암
남, 미국, 대학 2학년
(교환학생)

에바
여, 스페인, 연구원

고조선 건국	고조선 멸망	신라 건국	고구려 건국	백제 건국	백제 멸망	고구려 멸망
기원전 2333	기원전 108	기원전 57	기원전 37	기원전 18	660	668

신라 삼국통일	발해 건국	후백제 건국	고려 건국	발해 멸망	신라 멸망	고려 후삼국 통일
676	698	900	918	926	935	936

고려 멸망 조선 건국	대한제국 성립	일제 강점기 시작	대한민국 임시정부 수립	광복
1392	1897	1910	1919	1945

1단원
수도권

1과

세계인의 도시
서울특별시

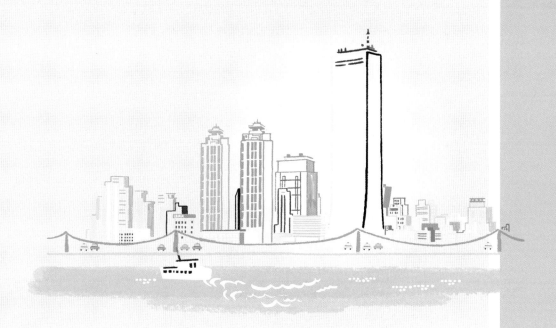

서울특별시

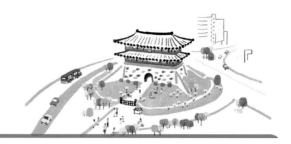

들어가기

※ 여러분은 대한민국의 수도 서울이 어떤 도시라고 생각합니까?

도시 개요

시청 소재지	서울특별시 중구 세종대로 110		
주요 행정구역	25개 자치구(용산구, 중구, 종로구, 강남구 등)		
면적	605.21km² (출처: 국가통계포털)		
인구	936만 6,283명 2024년 기준 (출처: 국가통계포털)		
인구밀도	15,533명/km² 2023년 기준 (출처: 서울특별시)		
1인당 GRDP	5,609만 원 2022년 기준 (출처: 국가통계포털)		
상징	시화: 개나리	시목: 은행나무	시조: 까치

목표 어휘

위상	등지	대거	생계	통상	제국
두루	신식	전차	문명	열강	지위
최빈국	식민지	공사관	생산물	의존도	중공업
강제로	급격히	끊임없이	선사시대	험난하다	거듭하다
부상하다	몰려들다	공존하다	분단되다	주도하다	지속하다
분주하다	현저하다	도약하다	개발도상국	임금노동자	뻗어 나가다

확인하기

▶ 다음 빈칸에 알맞은 어휘를 넣어 문장을 완성하시오.

• 기원전에 사람들이 살았다는 유적들이 서울 암사동 (   )에서 발견되었다.

• 한양은 조선의 중심이었기 때문에 전국의 (   )이/가 모여들었다.

• 러일전쟁(1904~1905) 이후 일본은 대한제국을 (   )(으)로 만들었다.

• 일제 강점기의 서울은 식민지와 근대 그리고 전통이 (   ) 근대 도시로 빠르게 바뀌게 된다.

• 6·25 전쟁으로 대한민국은 남북으로 (   ).

• 과거 서울 시민들은 가족들의 (   )와/과 안녕을 위해 밤낮없이 일을 했다.

알아두기

• **임진왜란** : 임진왜란은 1592년 전국 시대가 끝난 도요토미 정권의 일본이 조선을 침략하면서 발발하여 1598년까지 이어진 전쟁이다.

• **러일 전쟁** : 러·일전쟁은 1904년 2월 8일부터 1905년 가을까지 이어진 전쟁으로 러시아 제국과 일본 제국이 대한제국에서 일으킨 무력 충돌이다.

• **일제 강점기** : 한국이 일본 제국에 의해 강제로 지배를 당했던 시기이다. 1910년부터 1945년까지 약 35년 동안 이어졌으며, 한국의 역사에서 가장 어둡고 아픈 시기 중 하나이다.

> • A-(으)ㄴ 반면(에)　　 • V-는 반면(에)
>
> 앞의 상황과 뒤의 상황이 서로 반대일 때 사용한다.

☑ 하나의 주어 또는 서로 다른 주어의 반대되는 성격이나 차이점을 나타낼 때 사용할 수도 있다.

☑ 동사의 과거형은 'V-(으)ㄴ 반면에'의 형태로 사용한다.

☑ 'A-(으)ㄴ 데 반해/ V-는 데 반해'로 바꿔쓸 수 있다.

- 여성들은 서비스직 비율이 **높은 반면(에)** 남성들은 관리직과 제조직 비율이 높다.
- 누나의 남자 친구는 **똑똑한 반면(에)** 운동에는 소질이 없다.
- 누나의 남자 친구는 **똑똑한 데 반해** 운동에는 소질이 없다.

확인하기

▶ 다음을 연결하고 <보기>와 같이 문장을 완성하십시오.

[보기]	여자 친구는 매운 음식을 싫어하다 •	•	독색부 빠르다
(1)	그 배우는 얼굴이 예쁘다 •	•	살기가 매우 편하다
(2)	한국은 물가가 비싸다 •	•	떡볶이는 좋아하다
(3)	나는 행동이 느리다 •	•	수입은 감소하다
(4)	요즘 수출은 증가하다 •	•	연기를 못하다

[보기]　여자 친구는 매운 음식을 **싫어하는 반면에** 떡볶이는 좋아한다 .

(1) _____ .

(2) _____ .

(3) _____ .

(4) _____ .

※ 다음은 서울에 대한 글입니다. 글을 읽고 질문에 답하십시오.

세계인의 도시, 서울

대한민국은 임진왜란과 같은 수많은 전쟁과 일제 강점기 등 험난한 시간을 견디며 세계의 중심이 아닌 동양의 작은 나라로 존재했다. 하지만 6·25 전쟁 이후 세계 최빈국이었던 대한민국은 강한 생명력으로 끊임없이 발전을 거듭해 왔다. 1970-80년대 개발도상국에 머물렀던 당시 대한민국은 1988년 서울올림픽, 2002년 FIFA 월드컵 등을 계기로 대한민국을 세계에 알리기 시작했다. 특히 2000년대에 들어서면서 K-pop을 선두로 한류가 세계인들에게 큰 사랑을 받기 시작했다. 이후 경제 발전을 이룬 대한민국은 2021년 유엔무역개발회의(UNCTAD)로부터 개발도상국에서 선진국으로 지위가 바뀌었음을 공식적으로 인정받았다. 대한민국은 국제사회에서 위상과 존재감이 높아졌다. 오늘날 대한민국의 수도 서울은 정치, 경제, 교육, 문화, 한류의 중심으로서 많은 세계인의 관심을 받는 도시로 부상했다.

서울의 역사

서울에서 사람이 언제부터 살기 시작했을까? 정확한 사실은 알기 어렵지만 기원전에 사람들이 살았다는 유적들이 서울 암사동 등지에서 발견되어 선사 시대부터 사람들이 거주했음을 추정할 수 있다. 서울이 대한민국의 수도 역할을 해 온 것은 천 년 이상이다. 서울은 삼국 시대 백제의 수도였으며, 1392년 조선 왕조를 세운 태조 이성계가 고려의 수도 남경(현재의 개성)에서 지금의 서울인 한양으로 새 수도를 옮겨왔다. 당시 한양은 인구 10만의 작은 도시였다. 17세기 후반 이후 한양은 상업 도시로 변모하게 된다. 이때 특별한 기술이나 재산이 없었던 지방 사람들이 한양으로 대거 몰려들었다. 그 결과 한양의 인구는 급증하였고 인구 구성 역시 상인과 수공업자, 임금노동자가 대부분을 차지했다. 조선 후기인 19세기 초 한양은 농업이나 수공업에 종사하지 않고 장사로 생계를 잇는 사람들이 수십만 명에 이를 정도인 상업 도시가 되었다. 이처럼 한양은 조선의 중심으로 전국의 생산물들이 모여들었다가 다시 지방 곳곳으로 보내지는 곳이었다. 19세기 중반에 접어들면서 조선은 많은 반대에도 불구하고 미국, 러시아, 영국 등과 통상 관계를 이루었다. 1880년대 중반에는 서울에 외국인 거주지가 생겼으며 외국을 여행하고 돌아온 한국인도 생겼다. 이때 서울은 세계에 알려지기 시작했고 세계 다른 나라들의 정보도 들어왔다. 1897년 고종은 국호를 대한제국으로 바꾼다. 대한제국은 근대적 제국다운 모습을 두루 갖추려 노력했다. 1880년대의 정동은 각국의 공사관, 신식 학교, 종교 시설이 들어서면서 서울의 중심지가 되었다. 서양식 건물, 가로등, 전차 등의 서양의 신문물이 들어오면서 서울은 근대 문명의 모습을 갖추게 된다. 당시 조선은 열강의 틈 속에서 정치적으로 복잡한 날들을 보내고 있었으나 서울 사람들은 근대인으로 도약하고 있었다. 러일 전쟁(1904~1905) 이후 일본은 대한제국을 식민지로 만들었다. 1910년 8월 일본은 강제로 대한제국을 병합한 후 조선이라 명명하고 조선총독부를 설치했으며, 서울을 인천, 개성 등과 합쳐 경성부(경성)로 칭했다. 이때 서울은 식민지와 근대 그리고 전통이 공존하는 근대 도시로 빠르게 바뀌게 된다. 1945년 광복을 맞이한 대한민국은 1946년 서울의 명칭을 경성에서 서울시로 공식적으로 바꾼다. 1948년 대한민국 정부가 수립되고 1949년 서울특별시가 되었지만 1950년 6·25 전쟁을 겪어야 했다. 이 전쟁으로 대한민국은 남북으로 분단되었고 남한의 서울은 가난한 도시가 된다. 1960년대 중반부터 국가가 주도하는 경제개발과 더불어 서울은 급격히 현대화된 거대 도시로 바뀌게 된다. 1953년 100만 명이었던 서울의 인구는 1963년 300만 명, 1970년대에는 500만 명을 돌파하며 폭발적으로 증가했다. 이때 도시 개발 사업이 활발하게 이루어지면서 한강과 여의도 개발이 시작된다. 1969년 제3 한강교(현재 한남대교)가 개통되면서 이제 서울은 강북에서 강남으로 뻗어나가게 된다. 1980년대 서울의 인구는 840만 명을 넘어서고 경제 성장을 지속한다. 88서울올림픽 이후 서울은 강남과 강북을 아우르는 '국제도시'로 거듭나며 천만 명이 사는 거대 도시로 도약하며 현재에 이르고 있다.

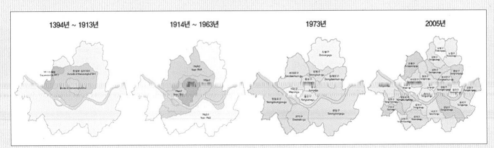

행정구역의 변화   [출처: 서울 도시계획 포털]

서울 시민들의 직업 변천사

시대가 변하면서 사라지는 직업과 새롭게 나타나는 직업은 어느 나라나 다 같을 것이다. 서울 역시 마찬가지다. 아침저녁 출퇴근하는 서울 시민들로 꽉 찬 지하철과 버스, 도로 위를 가득 메운 자동차들, 한밤중에도 환한 사무실의 불빛, 동대문 의류 시장, 농수산물 도매시장 등 서울은 24시간 내내 분주하고 활기찬 도시이다. 광복 이후 서울은 끊임없이 확장되고 발전을 거듭해 왔다. 이 시기의 서울 시민들은 가족들의 생계와 안녕을 위해 밤낮없이 일을 했다.

한국의 산업화 이전인 1950년대 서울에는 관리직, 기술직, 사무 및 제조 분야에서 일하는 시민들이 다른 지역보다 더 많았다. 1960년대에 들어서면서 한국은 경제개발을 서두르게 된다. 당시 서울이 아닌 지역의 사람들이 더 나은 직업과 교육 환경을 위해 서울로 몰려들었고 제조업 분야와 사무 분야의 근로자들 비율은 증가했다. 1970년대의 서울에서 제조업 의존도는 감소했는데 이는 당시 정부가 중공업을 촉진하고 공장을 지방으로 이전하는 것을 추진하였기 때문이다. 1980년대와 1990년대에 서울 산업의 중심은 금융과 서비스업 그리고 부동산 임대업과 통신 사업 분야로 바뀌게 된다. 이때 서울은 제조업 근로자의 비율이 현저하게 감소한 반면에 전문 기술직, 관리직, 사무직 근로자의 비율은 증가하여 관리 도시로서 기능을 하게 된다. 2000년대에 들어서면서 여성 근로자들과 전문직 종사자들의 비중이 꾸준히 증가하게 됐다. 하지만 여성 근로자들은 서비스 기반 사업에 종사하는 비율이 높은 반면에 남성 근로자들은 관리직과 제조 분야에 종사하는 비율이 높은 산업의 구조적 특성은 여전히 변하지 않고 있다.

시대별 인기 직업

1950년대	법관, 기자, 군장교, 교사, 전차 운전기사, 공무원 등
1960년대	방송 프로듀서, 택시 기사, 영화배우, 성우, 가수, 의사, 교수, 공무원 등
1970년대	기계·화학·중장비 엔지니어, 항공기 조종사·승무원, 해외 무역원 등
1980년대	금융인, 반도체 엔지니어, 통역사, 외교관, 연예인, 대학교수, 공무원 등
1990년대	펀드매니저, 컴퓨터프로그래머, 벤처 사업가, 웹디자이너, 한의사 등
2000년대 ~	빅데이터·인공지능 전문가, 생명공학 전문가, 국제회의전문가 등

[출처:서울생활사박물관]

확인하기

1. 기원전부터 서울에 사람들이 살았다는 것은 무엇으로 알 수 있습니까?

→

2. 윗글의 내용과 다른 것을 고르십시오. [   ]

① 1392년부터 한양은 조선의 수도였다.

② 일제 강점기에 외국인 거주지가 생겼다.

③ 서울시에서 서울특별시가 된 것은 1949년이다.

④ 상업 도시로 성장하기 시작한 것은 17세기 후반이다.

3. 서울에 관한 내용과 같은 것을 고르십시오. [   ]

① 현재 서울은 개발도상국의 수도이다.

② 서울에 서양식 건물들이 들어선 것은 18세기이다.

③ 한남대교 개통 이후 서울은 강남에서 강북으로 넓어지게 되었다.

④ 1980~1990년대에 제조업 근로자의 비율은 눈에 띄게 감소했다.

4. 1960년대에 지방 사람들이 서울로 몰려든 이유는 무엇입니까?

→

※ 다음은 수도에 대한 대화입니다. 대화문을 읽고 빈칸을 채워 완성하십시오.

시연: 오늘 관광 한국어 수업에서 서울에 대해 많이 배웠어. 교수님이 내주신 다음 주 조별 과제 다들 잘 들었지?

올가: 그럼, 각 나라의 수도에 관한 발표잖아.

시연: 응, 맞아. 난 우리나라의 수도 서울에 관해서 발표할 생각이야. 서울은 명칭부터 흥미로워.

사토: 왜? 지후 넌 알아?

지후: 응. 서울은 한국에서 유일하게 한국 고유어로 된 명칭의 도시야. 너희들 알고 있었어? 서울을 제외한 한국의 도시들은 모두 한자어로 된 명칭들이야.

시연: 요즘 서울 시민이나 외국인들이 좋아하는 한강도 크고 넓은 강이라는 뜻이야.

올가: 그렇구나. 아주 재미있네.

지후: 올가, 러시아의 수도는 모스크바지? 나는 모스크바에 대해서는 잘 모르는데 이야기 좀 해 줄래?

올가: _____

_____

_____

시연: 오, 그렇구나. 재미있네. 그럼, 에릭 너는 미국에서 왔잖아. 미국의 수도가 뉴욕인가?

에릭: 시연, 너무한데... 미국의 수도가 뉴욕이라니. 우리 나라의 수도는 워싱턴이야. 워싱턴은

_____

_____

사토: _____

_____

_____

띠띠: _____

_____

_____

호아: _____

_____

_____

지후: 나라마다 수도의 이야기가 정말 재미있네.

※ 여러분 나라의 수도에 대해서 간략하게 써 보십시오

명칭과 의미:

역사와 문화:

현재의 모습:

※ 여러분 나라의 수도를 소개하는 글을 쓰십시오.

유익한 관용 표현

가: 조금 전에 밥을 먹었는데 **입이 궁금하네.**

나: 뭐라고? 너 밥 많이 먹지 않았어?

입이 궁금하다: 배고픔과는 관계없이 무엇인가 먹고 싶을 때 쓸 수 있는 표현이다. 같은 표현으로 '입이 심심하다'가 있다.

'**입이 궁금하다**'를 사용하여 대화문을 만드십시오.

가: _____

나: _____

경기도의 중심도시
수원특례시

수원특례시

※ 여러분은 서울 근교 도시를 여행해 본 적이 있습니까? 어디를 가 봤고 무엇을 보았습니까?

도시 개요

시청 소재지	경기도 수원시 팔달구 인계동
주요 행정구역	4구(영통구, 팔달구, 장안구, 권선구)
면적	121.1㎢ (서울 면적의 약 1/5)
인구	123만 3,424명 2023년 기준 (출처: 국가통계포털)
인구밀도	9,862.82명/㎢ 2023년 기준 (출처: 국가통계포털)
1인당 GRDP*	4,290만 원 2022년 기준 (출처: 국가통계포털)

	시화: 진달래	시목: 소나무	시조: 백로
상징			

*수원특례시의 상위 행정구역인 경기도 기준

목표 어휘

행정	과언	핵심	성곽	성군	왕위
국방	개혁	백성	간부	관료	민가
훼손	평지	명예	회복	요충지	인프라
교통망	실학자	실명제	우시장	갈빗대	질리다
둘러싸다	관장하다	시행하다	추앙받다	요구되다	지시하다
막대하다	절감하다	추진하다	남다르다	형성되다	유력하다

확인하기

▶ 다음 빈칸에 알맞은 어휘를 넣어 문장을 완성하시오.

• 서울을 (   ) 있는 경기도는 한국에서 가장 많은 인구가 살고 있다.

• 수원은 교통의 (   )(으)로서 호남과 영남을 갈 때 반드시 거쳐 가야 하는 지리적으로 중요한 곳이다.

• 정조는 세종대왕과 더불어 성군으로 (   ) 있는 왕이다.

• 정조는 정약용에게 화성 건설을 (   ).

• 정조는 책임감을 높이기 위해 철저한 공사 (   )을/를 추진하였다.

• 수원 갈비는 정조 때부터 (   ) 우시장에서 시작된 설이 유력하다.

알아두기

• **특별시 vs 특례시 vs 광역시**
  ◦ 특별시: 국가의 중심 도시
  ◦ 특례시: 인구 100만 이상의 도시. 광역시와 일반시의 중간적 성격을 띤다.
  ◦ 광역시: 산하 행정구역으로 자치구나 군이 있다. 현재 한국에 6개의 광역시가 있다.

• **조선 시대 왕실 무덤**
  ◦ 능(陵): 왕과 왕비의 무덤
  ◦ 원(園): 왕의 친어머니, 세자와 세자빈의 무덤
  ◦ 묘(墓): 세자가 아닌 왕족의 무덤

• **탕평책**: 영조와 정조 시대에 여러 정파의 인재들을 골고루 등용하여 나라를 안정시키고 왕권을 강화하려고 한 정책이다.

> **N을/를 비롯해서(비롯한)**
>
> 여러 가지 가운데 대표적인 것을 예로 말할 때 사용한다.

⊘ '비롯하다'는 '여러 가지 예 중에서 대표적인 것을 중심으로 다른 것도 포함하다'라는 뜻이다.

⊘ 보통 대표성을 띠는 예가 와야 자연스럽다.

- 정조는 자신**을 비롯해서** 관료들에게 기술자들을 우대하게 했다.
- 오늘 삼성전자**를 비롯해서** 많은 대기업들이 신입사원 채용을 시작했다.
- 불고기는 소고기**를 비롯한** 여러 재료로 만드는 음식이다. (자연스러움)
- * 불고기는 야채**를 비롯한** 여러 재료로 만드는 음식이다. (부자연스러움)

확인하기

▶ 다음을 연결하고 <보기>와 같이 문장을 완성하십시오.

|보기|	할머니 •		• 전 직원이 회의에 참석하다
(1)	쇼핑몰 •		• 모든 가족이 모이다
(2)	사장 •		• 공원, 영화관 등이 들어설 예정이다
(3)	아버지 •		• 많은 나라에서 범죄가 발생하다
(4)	미국 •		• 온 가족이 여행을 좋아하다

[보기]　할머니**를 비롯해서** 모든 가족들이 모였다.

(1) _____ .

(2) _____ .

(3) _____ .

(4) _____ .

지식 쌓기

※ 다음은 수원시에 대한 글입니다. 글을 읽고 질문에 답하십시오.

경기도의 중심도시, 수원시

서울을 둘러싸고 있는 경기도는 한국에서 가장 많은 인구(약 1,367만 명)가 살고 있는 지역이다. 경기도 동남쪽에 위치한 수원은 경기도의 행정과 교통 그리고 문화의 중심이자 경기도의 최대 도시이다. 세계 최대 기업 중 하나인 삼성전자의 본사도 수원시 영통구에 자리 잡고 있으며, 경기도의 중요 행정을 관장하는 도청 역시 수원시에 있다. 또한 수원은 임진왜란 등의 전란을 겪으며 호남과 영남을 갈 때 반드시 거쳐 가야 하는 지리적 요충지로 부상했다. 현재도 수원은 교통인프라가 잘 갖추어져 있어 고속도로, 철도, 국도, 지하철 등의 다양한 교통망으로 서울 및 지방 도시로의 이동이 편리하다.

'수원(水原)'이라는 명칭은 과거 다양한 이름으로 불리었다. 고구려 시대에는 '매홀군'으로, '매홀'은 물이 많은 곳이란 뜻으로 '물고을'이라는 발음에서 왔다고 추측된다. 신라 시대에는 '수성군', 고려 초기에는 '수주'로, 그러다가 고려 후기에 현재의 '수원'으로 개명되었는데 모든 명칭에 '물'이라는 의미가 포함되어 있다.

정조의 도시, 수원

수원은 조선 시대 22대 임금인 '정조'의 도시라고 해도 과언이 아니다. 정조가 시행한 수원화성과 신도시 수원 건설로 오늘날 수원의 기틀을 마련했기 때문이다. 화성 건설로 수원은 재평가되어 정조 이후 순종 황제까지 6대에 걸친 조선 후기의 왕들 모두가 찾는 도시가 되었다. 매년 수원에서 열리는 수원화성축제도 정조대왕을 핵심으로 하는 문화축제다. 1997년 유네스코(UNESCO)에 세계문화유산으로 등록된 수원화성은 정조가 1794년 1월부터 1796년 9월까지 건설한 것으로서 팔달산과 평지에 걸쳐 건설된 성곽으로 수원에서 가장 중요한 문화제라고 할 수 있다.

정조는 학문 발전, 왕권 강화, 탕평책 실시, 신분과 관계없는 인재 등용 등으로 세종대왕과 더불어 성군으로 추앙받고 있는 왕이다. 정조는 아버지 사도세자의 명예 회복을 위해 아버지 묘를 양주에서 수원으로 옮기면서 행궁을 짓고 새로운 도시를 건설하게 된다. 사도세자는 왕위에는 오르지 못하고 아버지인 영조에 의해 굶어 죽은 비극적인 인물인데 2015년 개봉한 영화 '사도'는 이 '사도세자'에 관한 내용이다.

신도시 수원의 건설로 정조는 정치, 사회, 경제, 국방 전반에 걸쳐 개혁의 의지를 실현하고자 했다. 정조는 임진왜란 등의 경험을 바탕으로 조선 성곽의 문제점 해결과 백성들의 삶을 풍요롭게 하기 위한 건설이 필요하다고 생각했다. 이를 위해 정조는 실학자 정약용에게 화성 건설을 지시한다. 당시 성곽을 건설하기 위해서는 보통 10년 정도의 시간이 요구되었고, 막대한 공사비용과 노동력을 필요로 했다. 정약용은 건설을 위해 중국과 일본 성곽의 장점을 참고했다. 또 무거운 돌을 가볍게 들 수 있는 거중기, 비탈길에서도 무거운 짐을 안전하게 운반할 수 있는 유형거 등과 같은 기구를 만들어서 노동자들의 안전과 효율성을 높였고 건설비용까지 절감했다. 그 결과 10년의 건설 기간을 예상한 화성을 2년 9개월에 걸쳐 완성했다.

정조는 또한 수원화성을 지을 당시 책임감을 높이기 위해 철저한 공사 실명제를 추진하였다. 화성의 사대문인 팔달문, 장안문, 화서문, 창룡문에 공사 책임자, 중간 간부, 기술자들의 이름을 새겨 공사에 대한 책임감을 높인 것이다. 또 기술자들을 무시하던 기존의 사회 분위기를 없애고 자신을 비롯하여 관료들에게 기술자들을 우대하게 하자 이들은 더욱 열심히 일했다. 또한 정조는 백성들을 아끼는 마음이 남달랐다. 성곽 건설 기간에 지나치게 춥거나 더울 때는 공사를 중지하였고, 현장과 설계가 다를 경우 기존의 설계를 변경하면서 민가의 훼손을 최소로 줄이고자 했다.

이처럼 수원화성은 단순한 성곽을 넘어 새로운 도시를 건설하고 발전시키려고 한 정조의 의지를 알 수 있는 새로운 개념의 성곽이자 조선 후기 과학과 기술, 백성들의 삶을 보여주는 중요한 문화유산인 것이다.

[출처: 수원관광 웹사이트]

수원의 맛, 갈비

한국을 대표하는 음식이자 한국인이 가장 좋아하는 음식 중 하나가 바로 갈비다. 수원 갈비는 단순한 음식을 넘어 역사와 문화가 담겨 있는 음식이다. 정확한 유래는 찾기 어렵지만 정조 때부터 형성된 우시장에서 시작된 설이 유력하다. 성곽을 건설하면서 많은 노동자가 수원으로 모여들었고, 식량 수요가 늘어나면서 축산업이 발달했다. 1940년대까지 수원에는 전국 최대 규모의 우시장이 있었다.

결론적으로 화성 건설로 인해 발전하게 된 우시장에서 풍부한 소고기 공급이 가능해지면서 자연스럽게 수원 갈비가 발달했다고 볼 수 있다.

수원 갈비를 보통 수원 왕갈비라고 부르는데 그 이유는 다른 지역의 갈빗대보다 크기가 커서 붙여진 이름이다. 맛도 일반적인 양념 갈비와는 다르다. 간장으로 갈비를 양념하는 다른 지역과는 달리 수원은 소금으로 양념을 하는데, 맛이 담백해서 많이 먹어도 질리지 않는다고 한다.

확인하기

1. 수원이 정조의 도시라고 말하는 이유는 무엇입니까?

→

2. 윗글의 내용과 <u>다른</u> 것을 고르십시오. [   ]
① 수원은 정조대왕 이후 재평가되었다.
② 수원화성은 33개월에 걸쳐 지어졌다.
③ 수원이라는 명칭의 유래는 물과 관계가 깊다.
④ 한국에서 가장 많은 인구가 사는 곳은 수원이다.

3. 정조가 한 일 또는 업적이 <u>아닌</u> 것을 고르십시오. [   ]
① 수원에 궁을 지었다.
② 실력에 따라 인재를 뽑았다.
③ 아버지의 묘를 수원으로 옮겼다.
④ 왕의 가족들을 위해 수원에 성곽을 지었다.

4. 갈비가 수원의 대표 음식이 된 이유는 무엇입니까?

→

※ 다음은 성(城)에 대한 대화입니다. 대화문을 읽고 빈칸을 채워 완성하십시오.

지후: 안녕? 주말 잘 지냈어?

관위: 응. 잘 지냈지. 주말에 밀린 빨래도 하고 친구들도 만났어.

지후: 난 집에서 푹 쉬었어. 호아는 뭐 했어?

호아: 나도 집에 있었어. 엄마하고 영상 통화도 하고 또 잠도 많이 잤어.

띠띠: 난 주말에 수원에 놀러 갔다 왔어. 친구가 거기에 살거든.

호아: 그래? 재미있었어? 나도 수원에 한번 가 보고 싶었는데... 어땠어?

띠띠: 아주 재미있었어. 수원이 정조가 계획한 도시였다는 사실을 이번에 알았어.

지후: 수원은 경기도에서 가장 많은 인구가 사는 곳이고 경기도 행정의 중심 정도로만 알고 있었는데... 계획도시였구나!

띠띠: 재미있는 사실은 다른 나라에서는 보통 성곽은 성을 지키는 역할을 했잖아. 그런데 한국의 성곽은 궁을 포함한 도시를 둘러싸고 있다는 거야.

지후: 생각해 보니 그렇네. 한양도성도 궁과 도시를 둘러싸고 있잖아. 재미있다. 너희 나라에도 이런 성곽이 있어?

관위: _____

_____

사토: _____

_____

띠띠: _____

호아: _____

올가: _____

_____

※ 여러분 나라의 최초 계획도시 또는 신도시에 대해서 간략하게 써 보십시오.

명칭 및 의미:

역사 또는 개발 과정:

볼 것 또는 할 수 있는 것:

※ 여러분 나라의 계획도시 또는 신도시를 소개하는 글을 쓰십시오.

_____

_____

_____

_____

_____

_____

_____

유익한 관용 표현

가: 너, 떡볶이 안 좋아해? 왜 이렇게 안 먹어?
나: 아니, 좋아해. 난 **입이 짧은** 편이라서 벌써 배불러.

입이 짧다: 음식을 적게 먹거나 편식을 하는 습관에 대해 말할 때 사용한다.

'**입이 짧다**'를 사용하여 대화문을 만드십시오.

가: _____

나: _____

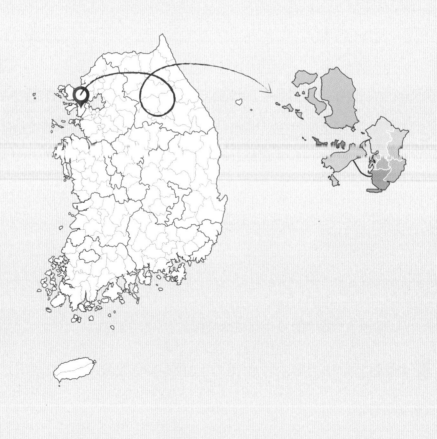

3과

대한민국의 관문
인천광역시

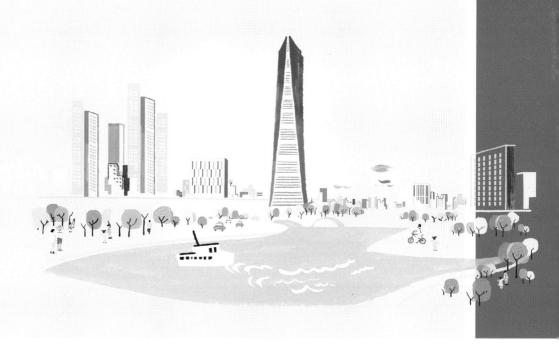

인천광역시

들어가기

※ 여러분 나라에도 이국적인 도시 또는 장소가 있습니까? 이야기해 보십시오.

도시 개요

시청 소재지	인천광역시 남동구 정각로 29
주요 행정구역	8구2군(중구, 동구, 미추홀구, 연수구, 남동구, 부평구, 계양구, 서구, 강화군, 옹진군)
면적	1,067.04km² (서울 면적의 약 1.8배)
인구	3,012,997 2024년 기준 (출처: 행정안전부)
인구밀도	2,826명/km² 2023년 기준 (출처: 국가통계포털)
1인당 GRDP	3,806만 원 2022년 기준 (출처: 국가통계포털)

	시화: 장미	시목: 목백합	시조: 두루미
상징			

어휘 익히기

목표 어휘

관문	항구	통로	잦다	서구	문호
선두	왕래	특정	포구	충격	전보
출신	기점	원조	침략	토박이	수식어
방문객	비비다	통하다	슬로건	건축물	축음기
이국적	신문물	관공서	휩싸이다	적산가옥	보존되다
유입되다	외식문화	차지하다	드나들다	조수 간만	아이러니하다

확인하기

▶ **다음 빈칸에 알맞은 어휘를 넣어 문장을 완성하시오.**

1. 한양과 가까운 인천은 왜구의 (   )(으)로 임진왜란을 비롯해 수많은 전쟁을 겪었다.

2. 인천으로 다양한 신문물이 (   ) 한국은 근대화의 길로 들어선다.

3. 인천은 대한민국을 대표하는 (   ) 도시이다.

4. 인천은 (   )의 차가 크기 때문에 배가 드나들기에 좋은 항구는 아니었다.

5. 개항장 문화지구에는 당시의 모습이 오늘까지도 잘 (   ).

6. 인천은 많은 외국인들의 유입으로 다른 지역들보다 (   )이/가 적다.

알아두기

- **강화도 조약**: 1876년에 체결한 조선과 일본의 조약이다. 군사력을 앞세운 일본의 강압에 의해 불평등하게 맺은 이 조약에 따라 당시 조선은 인천과 더불어 부산, 원산의 항구를 개항했다.

- **조계지**: 영사관을 설치하고 치외법권을 행사할 수 있는 개항 도시의 외국인 거주지.

> • A-다고 보다 • V-ㄴ/는다고 보다 • N(이)라고 보다
>
> 어떤 일 또는 상황에 대한 의견, 주장, 생각 등을 말할 때 사용한다.

✅ '보다' 대신에 '생각하다, 느끼다, 여기다, 믿다' 등으로 바꿔 쓸 수 있다.

- 이번 토픽 시험은 지난번보다 **힘들다고 봐**.
- 사람들은 가수나 배우들은 화려하게 **산다고 본다**.
- 짜장면은 공화춘이 **원조라고 본다**.

확인하기

▶ 다음을 연결하고 <보기>와 같이 문장을 완성하십시오.

[보기]	K-드라마	•	•	간단명료하게 보내는 것이 중요하다
(1)	요즘 마라탕	•	•	한류의 시작이다
(2)	메시지	•	•	대학생들 사이에서 유행하다
(3)	유명 가수의 은퇴	•	•	집값이 비싸다
(4)	서울의 강남	•	•	사실이다

[보기]   K-드라마가 한류의 시작**이라고 본다**.

(1) _____ .

(2) _____ .

(3) _____ .

(4) _____ .

※ 다음은 인천에 대한 글입니다. 글을 읽고 질문에 답하십시오.

대한민국의 관문, 인천

서울, 부산에 이어 한국에서 세 번째로 많은 300만 명 이상이 살고 있는 대도시이자 많은 외국인의 유입으로 다양한 문화가 공존하는 인천은 어떤 도시인가? 'All Ways Incheon(올 웨이즈 인천), 모든 길은 인천으로 통한다'라는 인천시의 슬로건은 인천을 잘 나타낸다. 하늘길과 바닷길이 만나는 곳인 인천은 대한민국을 대표하는 관문 도시이기 때문이다. 코로나 팬데믹 이후인 2024년 1월 기준, 하루 이용객이 20만 명을 넘는 세계적인 인천국제공항과 다양한 국적의 무역선이 드나드는 항구로 유명한 인천은 아픈 역사를 지닌 도시이기도 하다. 지금처럼 교통이 발달하지 않은 과거에 바닷길은 한국에 들어올 수 있는 유일한 통로였다. 이 때문에 한양과 가까운 인천은 잦은 왜구의 침략으로 임진왜란, 러일 전쟁, 6·25 전쟁 등 수많은 전쟁을 겪게 된다. 특히 19세기 말, 서구 열강들의 압력으로 문호를 개방하게 되었는데, 이때 인천으로 다양한 신문물이 유입되면서 한국은 근대화의 길로 들어선다. 최초의 우체국, 최초의 열차, 최초의 근대식 공원, 최초의 서구식 호텔(대불호텔) 등 인천을 소개할 때 항상 따르는 수식어가 '최초'일 정도로 인천은 한국 근대화의 선두에 있었다.

근대 도시로의 발걸음, 개항장

인천은 조수 간만의 차가 크기 때문에 배가 드나들기에 좋은 항구는 아니었지만, 서울과 가까운 곳이었기에 때문에 서구 열강들의 침략 무대였다. 19세기 말, 강대국들, 특히 일본과의 '강화도 조약'으로 원하지 않았던 외국인들의 왕래와 무역을 위해 항구를 개방하게 된다. 다른 나라와 교류가 거의 없었던 한국은 무역을 위해 특정 항구를 개방했는데 그곳이 바로 제물포항(현 인천항)이다.

개항이 되면서 작은 포구였던 제물포로 외국인들과 일거리를 찾는 조선인들이 몰려들었다. 이때 서양인들은 인천에 들어오면서 자신들이 사용하던 근대 문물을 가져오게 되는데, 이를 본 한국인들은 문화적으로 큰 충격에 휩싸인다. 한복 이외에는 본 적도 없는 한국인들에게 서양 의류, 성냥, 축음기, 전화, 활동사진(영화), 시계 등은 당시 대단히 충격적인 것이었다. 또 전보와 편지, 그리고 서울 노량진과 제물포 사이를 달렸던 경인 철도, 수도와 전기 등은 한국인의 삶을 바꾸어 놓으며 한국을 근대화의 길로 들어서게 한다.

외국과의 무역으로 다양한 국적의 외국인들이 인천으로 들어와서 살게 되면서 외국인 거주 지역이 생겼다. 이곳을 조계지라고 하는데 공식적으로 영사관 개설과 외국인들이 거주할 수 있는 공간이었다. 중국인들의 거주지였던 청국 조계지와 일본인들의 일본 조계지가 대표적인데 오늘날의 차이나타운과 개항장 문화지구가 바로 이곳에 해당한다. 개항장 문화지구에는 서구식 근대건축물과 적산가옥이라고 부르는 일본식 주택들이 지어졌는데, 당시의 모습이 오늘날까지도 잘 보존되어 있다. 현재에는 박물관과 카페 등으로 사용되고 있는데, 아이러니하게도 오늘날의 인천 관공서 중구청 건물 역시 일본 조계지 시기의 일본 영사관 건물이다.

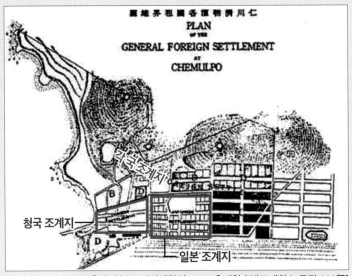

[출처: 한국도시설계학회 2010 춘계학술발표대회 논문집 263쪽]

한국 속의 중국, 차이나타운

인천은 한국에서 가장 이국적인 도시라고 할 수 있다. 왜냐하면 개항으로 많은 외국인들의 유입되면서 다른 지역들보다 토박이들이 적기 때문이다. 인천역에 도착하는 방문객들이 제일 먼저 만나는 곳 역시 차이나타운이다. 물론 차이나타운은 부산에도 있다. 하지만 인천의 차이나타운은 부산과는 달리 한국인들에게 의미가 깊은 지역이다. 한국 외식문화의 시작이라고 할 수 있는 짜장면이 태어난 곳이기 때문이다. 차이나타운에서 유래된 짜장면은 저렴한 가격, 짧은 조리 시간, 달콤하고 짭짤한 맛으로 한국인들의 사랑을 받으며 외식문화에서 중요한 위치를 차지하고 있다. 짜장면은 입학식, 졸업식 그리고 이사 등 한국인들 삶의 중요한 순간에 빠지지 않고 등장한다. 한국인들에게 짜장면은 어린 시절부터 가족 또는 사랑하는 사람들과 함께한 따뜻한 추억의 음식이 되었다.

인천 차이나타운을 방문하는 수많은 사람이 반드시 먹어보는 짜장면은 언제 생겨났을까? 정확한 유래는 알기 힘드나 짜장면은 개항기에 인천에 온 많은 산둥반도 출신의 중국인 노동자들이 길에서 먹는 음식에서 시작되었다고 한다. 중국식 된장에 국수를 비벼 먹는 이 음식은 싸고 빠르게 먹을 수 있어서 당시 노동자들 사이에서 인기가 많았다고 한다. 이후 이 길거리 음식을 차이나타운의 식당들에서도 팔기 시작했다. 1905년에 고급 중식당 '공화춘'에서 이 국수를 지금의 '짜장면'이라는 이름으로 처음 사용해 판매했는데 이를 기점으로 공화춘을 짜장면의 원조라고 본다. 현재 이 식당 건물은 당시의 자리를 지키며 짜장면 박물관으로 사용되고 있다.

1. 인천에는 왜 한국의 최초가 많습니까?

→

2. 윗글의 내용과 <u>다른</u> 것을 고르십시오. [   ]

① 인천은 삼백만 명의 인구가 안되는 도시다.

② 인천은 개항으로 다양한 신문물을 받아들였다.

③ 인천은 조수 간만의 차가 크기 때문에 좋은 항구는 아니었다.

④ 인천에는 여러 나라에서 온 외국인들이 살 수 있는 조계지가 있었다.

3. 인천에 관한 내용과 같은 것을 고르십시오. [   ]

① 차이나타운은 이국적인 곳이 아니다.

② 한국은 경제 발전을 하기 위해 항구를 개방했다.

③ 짜장면은 한국인들의 추억이 함께하는 음식이다.

④ 공화춘은 짜장면을 처음 만든 곳이기 때문에 원조라고 본다.

4. 짜장면의 유래에 대해서 간략하게 쓰십시오.

→

※ 다음은 기차에 대한 대화입니다. 대화문을 읽고 빈칸을 채워 완성하십시오.

에릭: 얘들아, 얼마 전에 KTX를 타고 부산에 다녀왔는데, 정말 편하고 빠르더라.

사토: KTX는 한국에서 가장 빠른 기차야. 서울에서 부산까지 3시간 정도면 갈 수 있어.

호아: 나도 타봤어. 그런데 얼마 전에 뉴스에서 새로운 KTX가 나왔다고 해. 한국 기술로 만든 기차인데 이름이 아마 KTX-청룡일 거야. 최고 속도는 시속 353km로, 한국에서 가장 빠른 고속 열차래. 그래서 서울에서 부산까지 2시간 17분 걸린대.

시연: 와, 나도 몰랐는데. 호아 덕분에 새로운 사실을 하나 알았네. 한국에서 제일 빠른 기차는 KTX-청룡이라는 것!

지후: 그런데 너희들 그거 알아? 한국 최초의 기차는 인천에서 노량진까지의 경인 철도였다는 걸.

올가: 수업 시간에 배웠어. 처음 생겼을 당시에는 시속 30km로 달려서 인천에서 노량진까지 1시간 30분 걸렸다고 했어.

에릭: 한국 기차의 역사, 재미있다. 사토, 너희 나라의 최초 기차는 언제 만들어졌어?

사토: _____

_____

올가: _____

_____

띠띠: _____

_____

호아: _____

_____

관위: _____

_____

※ 여러분 나라에만 있는 교통수단 또는 교통 문화에 대해서 간략하게 써 보십시오.

명칭:

특징:

최근 추세:

※ 여러분 나라에만 있는 교통수단 또는 교통 문화를 소개하는 글을 쓰십시오.

유익한 관용 표현

가: 왜 이 식당에 왔어? 여기가 맛집이야?
나: 내 친구들이 이 식당 음식이 맛있다고 **입을 모아** 칭찬을 하더라고.

💡 **입을 모으다**: 둘 이상의 여러 사람이 모두 같은 의견을 말할 때 사용한다.

💬 '**입을 모으다**'를 사용하여 대화문을 만드십시오.

가: _____

나: _____

2단원

호서

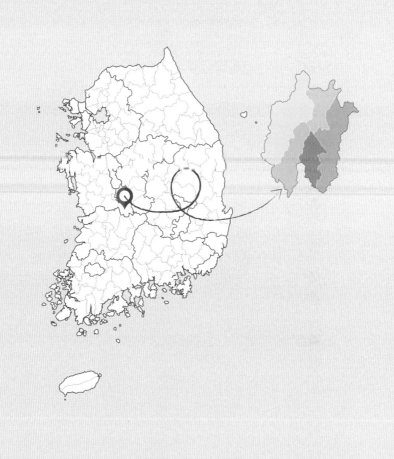

과학 기술의 수도
대전광역시

대전광역시

들어가기

※ 여러분 나라에 과학과 기술의 중심 도시가 있습니까? 그곳은 어디입니까?

도시 개요

시청 소재지	대전광역시 서구 둔산로 100 (둔산동)		
주요 행정구역	동구, 중구, 서구, 유성구, 대덕구		
면적	539.78㎢ (서울 면적의 약 9/10)		
인구	1,440,558명 2024년 기준 (출처: 국가통계포털)		
인구밀도	2,669.83명/㎢ 2024년 기준 (출처: 국가통계포털)		
1인당 GRDP	3,368만 원 2022년 기준 (출처: 국가통계포털)		
상징	시화: 백목련	시목: 소나무	시조: 까치

어휘 익히기

목표 어휘

평야	승격	강국	접근	인재	설립
선도	첨단	연구	개발	입주	거점
성과	소재	공헌	발전	교류	협력
혁신	융합	담당	제과점	천문대	망원경
창의적	유전자	항공우주	허허벌판	괄목하다	관측하다
승격되다	관통하다	치유하다	용이하다	박동하다	자리매김하다

확인하기

▶ 다음 빈칸에 알맞은 어휘를 넣어 문장을 완성하시오.

• 최근 별의 움직임에 관심을 갖고 (　　　　　)에서 별의 위치 변화를 관찰하고 있다.

• 반도체 산업은 한국의 (　　　　　) 산업으로 한국의 경제 성장을 주도했다.

• 인터넷의 발달로 인해 정보 검색이 과거보다 (　　　　　).

• 연구소에서는 인공위성으로 (　　　　　) 자료를 바탕으로 기상을 예측했다.

• 대전시민천문대에 가면 아름다운 밤하늘을 보며 일상에 지친 몸과 마음을 (　　　　　) 수 있다.

• 대전은 지방자치제 시행 이후 광역시로 (　　　　　).

알아두기

• **경부고속도로**: 서울과 부산을 잇는 고속 도로이다. 길이는 총 417.4km이며 1970년 7월에 개통되어 서울과 부산은 일일생활권이 되었다.

• **호남고속도로**: 충청남도 천안에서 전라남도 순천 사이를 잇는 고속 도로이다. 길이는 총 194.2km이며 1973년 11월에 개통되었다.

· N(으)로서

역할이나 성질을 강조하거나 한정할 때 사용한다.

☑ **주로 공식적이고 격식적인 상황에서 사용한다.**

- 대덕연구단지는 한국 과학 기술의 **중심지로서** 세계적인 수준의 연구 성과를 내고 있다.
- 대전시민천문대는 한국에서 가장 많은 방문객이 찾는 천문대 중 **하나로서** 매년 10만 명 이상이 방문한다.

[비교하기]

· N(으)로써

어떤 행동이나 수단, 방법을 나타낼 때 사용한다.

☑ **주로 공식적이고 격식적인 상황에서 사용하며 '그 방법으로'라는 의미이다.**

☑ **동사나 형용사와 결합할 때는 'A/V-(으)ㅁ으로써'의 형태로 나타난다.**

- 사람들과 **소통함으로써** 우리는 더 많은 정보를 얻을 수 있다.
- 책을 **읽음으로써** 우리는 다양한 지식을 쌓을 수 있다.

▶ **다음을 연결하고 <보기>와 같이 문장을 완성하십시오.**

[보기]	한 회사의 책임자이다 •	• 국제 무대에서 활동하고 있다
(1)	나는 언니이다 •	• 독특한 시각으로 영화를 만들었다
(2)	그 사람은 영화 감독이다 •	• 어린 동생을 돌봐야 한다.
(3)	내 친구는 축구 선수이다 •	• 이번 프로젝트를 성공시킬 것이다
(4)	나는 자식이다 •	• 부모님을 위해 당연히 해야 할 일을 할 것이다

[보기]   한 회사의 책임자**로서** 이번 프로젝트를 성공시킬 것이다.

(1) _____ .

(2) _____ .

(3) _____ .

(4) _____ .

※ 다음은 대전에 대한 글입니다. 글을 읽고 질문에 답하십시오.

과학 기술의 수도, 대전

한국의 중심에 위치한 대전은 광역시로서 약 145만 명이 거주하고 있어 한국에서 다섯 번째로 인구가 많다. 대전(大田)은 한자로 '큰 밭'이라는 뜻인데 도시의 이름대로 넓은 평야를 가지고 있다. 대전은 지방자치제 시행 이후 광역시로 승격되어 중부지방의 중심 도시로 빠르게 발전했고 현재 충청남도 도청이 자리하고 있다.

대전은 원래 조선 시대에만 해도 허허벌판의 작은 시골이었다. 그러나 1904년 경부선 철도가 만들어지고 대전역이 생기면서 교통의 중심지로 부상하게 되었다. 그 당시 충청남도의 중심은 공주였는데 공주에 있던 유생들이 일제가 만든 철도가 자신들의 고향을 지나가게 할 수 없다고 반대했다. 그래서 대전에 기차역이 들어서게 되었고 이후 충청남도의 도청이 대전으로 이전해 오면서 대전은 현재의 광역시로 성장하게 된 것이다. 경부선 철도를 시작으로 현재는 호남선 철도가 관통하고 경부 고속 도로와 호남 고속 도로가 만나기 때문에 다른 지역들과 연결성도 좋고 전국 어느 지역에서도 접근이 용이한 교통의 중심지가 되었다.

또한 대전은 세계 첨단 기술 분야를 선도하는 한국과학기술원(KAIST), 대덕연구단지, 26개의 정부 지원 연구소 및 민간 연구소, 혁신 중소 벤처 기업 3,000여 개가 있어 명실상부한 과학 기술의 수도이기도 하다. 이와 같은 대규모 연구단지의 조성으로 인해 대전에는 약 3만여 명의 과학 분야 석박사가 거주하고 있다. 이로써 대전은 과학자의 밀도가 높은 도시로서 아시아 1위, 세계 6위를 기록하게 되어 한국의 과학 기술 거점으로서의 면모를 보여주고 있다.

첨단 과학 기술의 심장, 대덕연구단지

대덕연구단지는 대전에 있는 한국의 대표적인 과학 기술 연구단지로 1973년에 건설되기 시작하여 1978년부터 다양한 분야에서 첨단 기술을 연구하는 기업과 연구소들이 입주하기 시작했다. 1990년대 초반까지 한국의 정보 통신 산업과 전자 산업의 기술 개발이 주로 이루어졌으나 그 이후 대전의 과학 인프라를 바탕으로 우주 항공, 바이오 헬스, 나노·반도체, 국방, 핵융합 등 다양한 과학 분야에서 세계적인 수준의 연구 성과를 내고 있다. 한국 최초의 달 탐사선 및 우주 발사체, 세계 최초의 코로나 유전자 지도, 차세대 인공 태양 K-Star 등 인류의 미래를 바꿀 수 있는 세계가 놀랄 만한 과학 기술이 바로 이곳 대전에서 탄생하였다. 최근에는 바이오 헬스 분야에서 첨단 의료기기 개발과 바이오 의약품 연구가 세계적으로 주목받고 있다.

대덕 연구단지에 있는 한국과학기술원(KAIST) 또한 한국을 대표하는 과학 연구 기관 중 하나이다. 1971년에 설립된 한국과학기술원(KAIST)은 첨단 기술 개발과 연구를 통해 국가 발전에 크게 공헌했다. 지금도 한국과학기술원(KAIST)은 다양한 학문 분야에서 괄목할 만한 연구 성과를 내고 있으며 국제적 교류와 협력을 통해 세계 최고 수준의 연구를 진행하고 있다. 이처럼 대덕연구단지 연구소들과 한국과학기술원(KAIST)은 손을 맞잡고 국내외적으로 과학 기술 혁신과 융합에 중요한 역할을 담당하고 있다. 지금 이 순간에도 대전은 한국의 첨단 과학 기술의 심장으로서 한국이 세계적인 과학 기술 강국으로 자리매김할 수 있도록 힘차게 박동하고 있다.

도심 속의 하늘 놀이터, 대전시민천문대

대전시민천문대는 대전시가 2001년에 건립한 천문관측 및 교육시설이다. 지자체가 운영하는 천문대 중 가장 많은 방문객이 찾는 곳으로서 매년 10만 명 이상이 대전시민천문대를 방문한다.

대전시민천문대 1층에는 천체투영관이 있다. 이곳에서 밤하늘에 떠 있는 별들과 똑같은 가상의 별들을 관람할 수 있다. 천체투영기가 9.5m 돔 스크린에 수많은 별들을 비추어 아름다운 밤하늘의 모습을 보여준다. 별을 관람하는 중간중간에 전문 강사가 사계절 별자리를 설명해 주고 간단한 별자리 이야기도 해 준다. 2층으로 올라가면 관측실이 있다. 관측실에서는 행성, 달 등을 볼 수 있으며 낮에는 태양의 흑점까지도 관측할 수 있다.

대전시민천문대 관람료는 무료이다. 개인 관람의 경우에는 예약 없이 관람할 수 있지만, 20인 이상의 단체 관람인 경우에는 필수적으로 예약을 해야 한다. 관람 시간은 오후 2시부터 저녁 10시까지며, 매주 월요일과 공휴일 다음 날은 휴관이다.

요즘 도심 속에서 밤하늘의 아름다운 별을 보기가 어렵다. 하지만 대전시민천문대에 가면 아름다운 밤하늘을 보며 일상에 지친 몸과 마음을 치유할 수도 있고 마음껏 놀 수도 있다. 왜냐하면 대전에는 도심 속에 있는 하늘 놀이터가 있기 때문이다.

빵의 도시, 대전

최근 대전하면 빵을 떠올리는 사람들이 많다. 어떻게 대전은 빵의 도시가 되었을까? 한국 전쟁 이후 미국으로부터 받은 구호물자 중 밀가루가 철도를 통해 한반도의 중심인 대전에 모였다가 대전에서 다시 전국으로 운송되었다. 이때 대전에서 밀가루를 이용해 빵을 만드는 제과점들이 생겨났고 그 중심에는 성심당이 있었다.

1956년에 문을 연 성심당은 대전에서만 만날 수 있는데, 대전 이외의 지역에는 지점을 내지 않는다는 경영 철학을 현재까지 고수하고 있기 때문이다. 따라서 대전을 방문해야만 성심당의 빵을 맛볼 수 있기 때문에 성심당은 대전을 대표하는 빵집으로 사랑받으며 대전의 문화적 상징이 되었으며 2024년에 성심당은 수원 화성·행궁동, 대구 간송 미술관 등과 함께 '2024 한국 관광의 별'로 선정되었다. 한 해 동안 한국의 관광 발전에 기여한 관광자원, 단체에 시상하는 '한국 관광의 별'로 선정됨으로써 성심당을 찾기 위해 대전을 방문하는 관광객이 꾸준히 증가하고 있으며 이는 대전의 경제 발전에 기여하고 있다.

성심당의 브랜드 가치 상승으로 인해 대전은 2021년부터 매년 '대전 빵축제'를 개최하고 있다. '대전 빵축제'는 해를 거듭할수록 축제 규모가 커지고 있으며 맛있는 빵을 통해 사람과 사람이 소통하고 함께 추억을 만드는 대전을 대표하는 축제로 성장하고 있다.

확인하기

1. 도시의 이름 '대전'은 무슨 의미입니까?

→

2. 대전이 교통의 중심지가 된 이유를 고르십시오. [　　]

① 다른 도시와 가깝기 때문에
② 철도를 처음으로 건설했기 때문에
③ 어느 지역에서도 접근이 쉽기 때문에
④ 모든 고속 도로가 시작하는 도시이기 때문에

3. 대전시민천문대에서 할 수 없는 일을 고르십시오. [　　]

① 망원경으로 태양을 볼 수 있다.
② 놀이터에서 마음껏 놀 수 있다.
③ 스크린에 상영되는 별을 볼 수 있다.
④ 별자리에 대한 설명을 들을 수 있다.

4. 대전이 첨단 과학 기술의 거점으로 발전하게 된 이유는 무엇입니까?

→

※ 다음은 과학 기술의 발전에 대한 대화입니다. 대화문을 읽고 빈칸을 채워 완성하십시오.

올가: 오랜만이에요. 한국에서 만나니까 더 반갑네요. 교환학생으로 오니까 좋지요?

리암: 네, 한국은 연구 인프라가 잘 갖춰져 있고 대학들도 다양한 연구 프로그램을 지원해 줘서 너무 좋아요. 특히 대전에는 첨단 과학을 연구하는 기업과 연구소가 많아서 함께 프로젝트를 진행하고 있는데 저에게 너무 값진 경험이 될 것 같아요.

에바: 그렇군요. 우리 연구소에서도 로봇공학과 인공지능 기술을 이용한 자율 주행 차량을 개발하는 중인데 한국이 최근 몇 년간 이 분야에서도 빠르게 성장하고 있어서 국제적인 관심을 받고 있대요.

리암: 맞아요. 한국은 항공우주 분야도 지속적으로 발전하고 있어서 어느 나라로 교환학생을 갈까 고민하다가 한국 대학교를 신청하게 됐어요. 지내보니까 한국에 오길 잘했어요.

올가: 저도 그렇게 생각해요. 그럼 이제 한국 생활에 적응한 거지요?

리암: 그럼요. 제 고향도 우리 나라에서 과학 기술의 중심지로서 연구단지였거든요. 그래서 대전과 분위기가 아주 비슷해요.

에바: 그래요? 리암 씨 고향도 과학 도시였군요. 그래서 리암 씨가 과학에 관심이 많았던 거군요. 그럼 여러분 고향에도 과학 도시가 있어요? 그 도시는 어떤 과학 분야가 발달했어요?

에릭: _____

_____

_____

사토: _____

_____

_____

띠띠: _____

_____

_____

호아: _____

_____

_____

※ 여러분 나라의 과학 기술의 중심지에 대해 간략하게 쓰십시오.

나라/지역:

도시의 특징:

핵심 과학 기술 분야:

※ 여러분 나라의 과학 기술의 중심지를 소개하는 글을 쓰십시오.

유익한 관용 표현

가: 한국 사람들은 자연과 도시를 조화롭게 유지하는 것 같아요?

나: 그렇지요. 한국 사람들은 환경 보호에 관심이 많아요. 그래서 **손을 맞잡고** 환경을 지키려고 노력하고 있어요.

손을 맞잡다: 두 사람 이상이나 단체가 서로 함께 일을 하거나 협력한다는 것을 의미한다.

'**손을 맞잡다**'를 사용하여 대화문을 만드십시오.

가: _____

나: _____

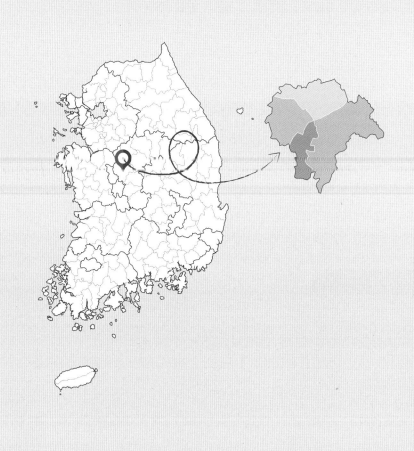

5과

천년의 지혜를 품은 도시
청주시

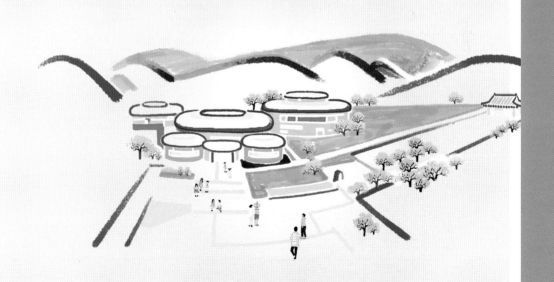

청주시

들어가기

※ 여러분 나라에 교육의 도시가 있습니까? 그곳은 어디입니까?

도시 개요

시청 소재지	충청북도 청주시 상당구 상당로69번길 38 (북문로1가)		
주요 행정구역	흥덕구, 청원구, 서원구, 상당구		
면적	940.84km² (서울 면적의 약 1.6배)		
인구	853,563명 2024년 기준 (출처: 청주시, 주민등록인구 통계)		
인구밀도	907.23명/km² 2024년 기준 (출처: 청주시, 주민등록인구 통계)		
1인당 GRDP	4,137만 원 2022년 기준 (출처: 보도자료 2022.05.23.)		
상징	시화: 백목련	시목: 느티나무	시조: 까치

목표 어휘

숨결	사색	원천	조화	향기	양성
면모	선조	부피	대량	업적	활자
경전	사료	인쇄술	오탈자	획기적	내구성
문화재	가속화	품다	감싸다	휘감다	엿보다
축적하다	소장되다	소실되다	간행하다	제정하다	유통되다
확산되다	배출하다	밀집하다	융성하다	위대하다	등재되다

확인하기

▶ 다음 빈칸에 알맞은 어휘를 넣어 문장을 완성하시오.

• 금속 활자 인쇄술은 세계사에 길이 빛날 (   ) 업적이라 할 수 있다.

• 직지는 2001년 유네스코 세계기록 유산으로 (   ).

• 우리는 책을 통해 선조들의 생활상과 사고방식을 (   ) 수 있다.

• 인쇄술은 책을 제작하는 시간과 비용을 (   )(으)로 절약할 수 있었다.

• 인쇄술의 발전으로 지식과 정보가 넓은 지역으로 (   ).

• 지식의 확산을 위해서는 책이 (   )(으)로 생산되고 유통되어야 한다.

알아두기

• **목판 인쇄술**: 문자나 그림을 새긴 나무판을 이용하여 종이에 문자를 인쇄하는 기술이다. 이 기술은 문자를 개별적으로 조합하여 대량 인쇄를 가능하게 한 금속 활자 인쇄술과는 달리 하나의 목판에 전체 내용을 새겨서 인쇄하는 방식이다.

• **활자 인쇄술**: 나무나 금속 등에 문자, 숫자, 기호 등을 한 글자씩 만들어 조합하는 방법으로 대량 인쇄하는 방법이다.

> ## V-곤 하다
> 같은 상황이 자주 반복되는 경우에 사용한다.

☑ '-곤 했다'는 과거에는 반복됐으나 현재는 하지 않는 경우에 사용한다.

- 고향 생각이 나면 고향 음식을 만들어 **먹곤 한다.**
- 부모님은 시간이 있을 때마다 저를 박물관에 **데려가곤 하셨다.**
- 부피가 큰 목판을 보관하기도 어려웠고 잘못 보관하면 목판을 사용할 수 없게 **되곤 했다.**

확인하기

▶ 다음을 연결하고 <보기>와 같이 문장을 완성하십시오.

[보기]	요즘 아침에 늦게 일어나서 ●	● 눈물을 흘리다
(1)	가까운 곳에 갈 때 ●	● 커피를 마시다
(2)	비가 오는 날이면 ●	● 자전거를 타다
(3)	슬픈 영화를 볼 때마다 ●	● 지각을 하다
(4)	점심 식사를 하고 나서 ●	● 해물파전을 먹다

[보기]   요즘 아침에 늦게 일어나서 지각을 하**곤 한다.**

(1) _____ .

(2) _____ .

(3) _____ .

(4) _____ .

※ 다음은 청주에 대한 글입니다. 글을 읽고 질문에 답하십시오.

천년의 지혜를 품은 도시, 청주시

청주는 자연과 역사적 숨결이 어우러져 시간의 흐름 속에서도 변함없는 평온함과 아름다움을 간직한 충청북도의 중심 도시이다. 5km의 시원한 가로수길을 지나 청주에 발을 들여놓으면 우암산과 무심천이 조화를 이루는 아늑한 도시를 만날 수 있다. 우암산 산책로를 따라 걷다 보면 차분한 사색의 시간을 갖게 되고 무심천의 잔잔한 물결을 보며 걷다 보면 마음이 편안해진다. 이렇게 청주의 소박한 자연이 선사하는 정서적 안정은 학문적이고 창의적인 사고의 원천이 되었고 이는 청주를 교육의 도시로 성장시켰다.

과거에는 청주 전체 인구의 40% 이상이 교육 관련 종사자와 학생들일 정도로 교육이 청주의 사회와 경제에 미치는 영향은 매우 컸다. 현재에도 국립대학교가 무려 5개*나 위치하고 있어 교육 중심지로서의 위상을 확고히 하고 있다. 이들 대학은 지역 교육의 핵심적인 역할을 수행하고 있으며 학문적 성과와 인재 양성에 기여하고 있다. 또한 청주에는 전국에서 유일하게 교원 양성을 목적으로 설립된 국립 한국교원대학교가 있어 우수한 교사를 배출하고 있다. 이뿐만 아니라 군사 교육의 중심지로 공군 장교를 양성하는 공군사관학교도 청주에 있다. 이처럼 청주는 다양한 교육 기관들이 밀집해 있어 교육의 도시로서의 면모를 갖추고 있다.

* 청주 소재 5개 국립 대학 : 공군사관학교, 청주교육대학교, 충북대학교, 한국교원대학교, 한국방송통신대학교

한국의 인쇄술

책은 지식을 체계적으로 정리하고 저장하는 도구로서 세대와 세대를 넘어서 지식을 전달하는 역할을 한다. 인간의 역사적, 과학적, 문학적 지식은 책에 담겨 고스란히 후대에 전해졌고 이를 통해 인류는 선조의 지식을 바탕으로 새로운 지식을 축적했다. 우리는 책을 통해 선조들이 기록한 과거의 사건과 사실을 확인하고, 선조들의 생활상과 사고방식을 엿볼 수 있다. 이 외에도 책은 문학 작품, 시, 소설, 드라마 등 예술적 표현의 매체로 인간의 감정과 상상력을 표현하여 예술적 가치와 감동을 제공하기도 한다. 이처럼 책의 가치는 지식의 전달, 문화와 역사 보존, 문학과 예술적 표현 등 다양한 역할을 통해 인류의 지적, 문화적, 사회적 발전에 기여했다.

지식의 확산을 위해서는 책이 대량으로 생산되고 유통되어야 한다. 인쇄술이 등장하기 전까지 책을 만드는 방법은 손으로 직접 베껴 쓰는 것이었다. 이를 필사라고 하는데 필사는 시간이 많이 소요되고 비용도 많이 들기 때문에 책을 생산하는 데 한계가 있었다. 하지만 인쇄술의 발달로 인류의 지혜를

품은 책을 대량으로 생산하고 유통하는 것이 가능해졌다. 한국에서 언제부터 인쇄술이 등장했는지 기록으로 전해지지 않아 정확하게 알 수 없으나 대략 8세기쯤 목판 인쇄술이 도입되었을 것으로 추측된다. 8세기 통일신라 시대에는 불교문화가 크게 융성하여 불교 경전을 대량으로 생산하고 보급하는 것이 필요했고 목판 인쇄술은 이러한 필요를 충족시키는 중요한 기술이었다. '무구정광대다라니경'은 이 시기에 간행되었는데 현재 세계에서 가장 오래된 목판 인쇄본이다. 목판 인쇄술의 도입으로 필사보다 빠르게 책을 생산할 수 있었지만 목판으로는 한 종류의 책만 인쇄해야 한다는 단점이 있었으며 목판을 제작하는 과정에서 오탈자가 생겨도 수정하기가 어려웠다. 또한 부피가 큰 목판을 보관하기도 어려웠고 잘못 보관하면 목판을 사용할 수 없게 되곤 했다. 그래서 새로 생각한 방법이 활자 인쇄술이다. 활자 인쇄술은 활자를 제작하고 배열하는 것으로 목판 인쇄술보다는 그 제작 과정이 훨씬 복잡했다. 하지만 일단 활자를 제작해 놓으면 이 활자를 다양하게 조합하여 사용할 수 있었기 때문에 책을 제작하는 시간과 비용을 획기적으로 절약할 수 있었다. 그리고 이러한 혁신은 인쇄술의 새로운 발전을 가져왔다.

일반적으로 활자는 나무로 만들어졌다. 그런데 1230년대 고려가 세계 최초로 금속 활자를 제작했다. 나무 활자보다 내구성이 강한 금속 활자를 사용하면서 책의 출판이 비약적으로 증가하기 시작했다. 이와 같이 인쇄술의 발전으로 지식과 정보가 넓은 지역으로 확산됐고 이는 인류의 발전을 가속화했다. 따라서 금속 활자 인쇄술은 세계사에 길이 빛날 위대한 업적이라 할 수 있다.

세계 기록 유산 '직지'

직지(直指)는 청주 흥덕사에서 1377년에 제작된 불교 경전으로 현재까지 발견된 가장 오래된 금속 활자본이다. 직지는 2권으로 구성되어 있으나 현재 한 권만 전해져 프랑스 국립 도서관 동양문헌실에 소장되어 있다. 직지를 간행한 장소인 청주 흥덕사는 소실되었으나 1985년에 흥덕사 터가 발굴되어 그 자리에 청주고인쇄박물관을 개관하였다. 직지는 고려 시대 인쇄 기술의 발전을 보여주는 중요한 유물로 그 시대의 문화와 기술 수준이 집약되어 있는 귀중한 사료이다. 한국의 자랑스러운 문화재인 직지는 세계에서 가장 오래된 금속 활자본으로서 그 가치를 인정받아 2001년 유네스코 세계기록

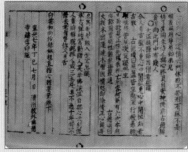

직지

유산으로 등재됐다. 또한 유네스코는 직지의 이름을 딴 유네스코 직지상(UNESCO/JIKJI Memory of the World Prize)을 제정하여 세계기록문화유산 보호에 이바지한 사람들에게 이 상을 수여하고 있다. 이로써 한국의 금속 활자 인쇄본인 직지의 위상이 세계적으로 한층 더 높아졌다.

확인하기

1. 청주를 교육의 도시라고 부르는 이유는 무엇입니까?

→

2. 목판 인쇄술의 단점이 아닌 것을 고르십시오. [   ]

① 틀린 글자를 고치기 어렵다.

② 한 종류의 책만 인쇄할 수 있다.

③ 활자를 배열하는 것이 복잡하다.

④ 보관을 잘못하면 사용할 수 없다.

3. 직지에 대한 설명으로 맞는 것을 고르십시오. [   ]

① 현재 2권이 남아 있다.

② 1377년에 흥덕사에서 만들었다.

③ 청주고인쇄박물관에 보관되어 있다.

④ 현재까지 발견된 가장 오래된 목판 인쇄본이다.

4. 직지가 유네스코 세계기록 유산으로 등재된 이유는 무엇입니까?

→

※ 다음은 유네스코 문화유산에 대한 대화입니다. 대화문을 읽고 빈칸을 채워 완성하십시오.

교수: 오늘은 유네스코에 대해 알아보겠습니다. 유네스코(UNESCO)는 교육, 과학, 문화를 통하여 국제 협력을 증진하기 위해 설립된 유엔(UN)의 전문 기관입니다. 유네스코는 보존할 가치가 있다고 판단되는 인류의 문화유산과 자연유산을 지정하여 보호하고 있습니다.

띠띠: 교수님, 한국에도 유네스코 문화유산으로 지정된 것이 있나요?

교수: 네, 많습니다. 유네스코는 문화유산을 세계유산, 무형문화유산, 세계기록유산으로 나누어 지정하는데 한국의 문화유산은 세계유산 15개, 무형문화유산 22개, 세계기록유산 18개가 등재되어 있습니다. 오늘 공부한 직지는 세계기록유산입니다.

사토: 생각보다 많은 문화유산이 등재되어 있네요. 교수님, 직지 외에 어떤 것이 세계기록유산으로 등재되어 있습니까?

교수: 대표적인 세계기록유산으로는 한글을 만든 이유와 한글을 만든 원리를 설명한 훈민정음해례본이 있습니다. 여러분 나라에는 어떤 것이 유네스코 세계유산으로 지정되어 있나요? 여러분 나라의 유네스코 세계유산을 소개해 보세요.

올가: 우리 나라에도 유네스코 세계유산으로 지정된 것이 많은데 대표적인 것은 모스크바에 있는 크렘린 궁전과 붉은 광장입니다.

관위: 우리 나라의 대표적인 유네스코 세계유산은 만리장성입니다. 만리장성은 기원전 220년에 건설한 6,000㎞가 넘는 긴 산성입니다.

사토: _____

_____

_____

에릭: _____

_____

_____

호아: _____

_____

_____

_____

교수: 전 세계적으로 이렇게 보존해야 할 인류의 문화유산이 많다는 것이 정말 자랑스럽습니다.

※ 여러분 나라의 유네스코 세계유산에 대해서 간략하게 써 보십시오.

세계유산 이름:

역사적 배경:

문화적 가치:

※ 여러분 나라의 유네스코 세계유산을 소개하는 글을 쓰십시오.

....

....

....

....

....

....

....

....

유익한 관용 표현

가: 최근에 디자인 회사에 인턴으로 들어가서 디자이너로 일하게 됐어.
나: 잘 됐다. 새로운 분야에 **발을 들여놓다니** 멋지다!

💡 **발을 들여놓다**: 처음으로 접하거나 새로운 경험을 할 때 쓸 수 있는 표현이다.
비슷한 표현으로는 '**발을 담그다**', '**첫발을 내딛다**'가 있다.

💬 '**발을 들여놓다**'를 사용하여 대화문을 만드십시오.

가: _____

나: _____

3단원

관동

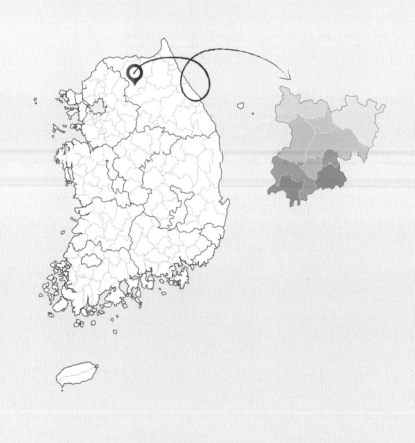

자연과 레포츠의 만남
춘천시

춘천시

※ 여러분 나라에 레포츠를 즐길 수 있는 도시가 있습니까? 그곳은 어디입니까?

도시 개요

시청 소재지	강원 춘천시 시청길 11
주요 행정구역	흥덕구, 청원구, 서원구, 상당구
면적	1,116.41㎢ (서울 면적의 약 1.8배)
인구	286,331명 2024년 기준 (출처: 춘천시, 주민등록인구 통계)
인구밀도	256.47명/㎢ 2024년 기준 (출처: 춘천시, 주민등록인구 통계)
1인당 GRDP*	3,442만 원 2022년 기준 (출처: 국가통계포털)
상징	시화: 개나리 시목: 은행나무 시조: 산까치

*춘천시의 상위 행정구역인 강원도 기준

목표 어휘

명소	동료	소통	일출	일몰	일품
일환	풍경	조각	취향	구성원	참가자
유대감	접근성	팀워크	암벽 등반	친목 도모	레크리에이션
다지다	손꼽다	진화하다	개통되다	결합하다	구성되다
다채롭다	편성하다	벗어나다	선호하다	인접하다	펼쳐지다
적막하다	적응하다	적합하다	초청하다	해소하다	변화무쌍하다

확인하기

▶ 다음 빈칸에 알맞은 어휘를 넣어 문장을 완성하시오.

• 학업 스트레스를 (   ) 수 있는 기회로 MT를 손꼽아 기다린다.

• 춘천은 한 도시 안에서 (   ) 경험을 할 수 있는 도시이다.

• 전문 레크리에이션 강사를 초청해 워크숍이나 세미나 형태로 프로그램을 (   ).

• 춘천은 쉽게 방문할 수 있어 대규모 MT나 단체 활동에 (   ) 도시이다.

• MT를 통해 대학생들은 새로운 경험을 쌓고 동료 간의 (   )을/를 형성한다.

• 고속 열차가 개통되어 있기 때문에 서울에서 춘천은 (   )이/가 좋은 도시이다.

알아두기

• **레포츠(Leisure Sports)**: '레저(leisure)'와 '스포츠(sport)'의 합성어로서 취미나 오락의 목적으로 여가 시간을 활용하여 즐기는 다양한 스포츠 및 활동이다.

• **레일 바이크**: 철도 위를 자전거처럼 달리는 특별한 레포츠로서 전통적인 자전거와는 달리 가족, 친구, 연인과 함께 주변 경관을 감상하며 레일 위를 주행하는 레포츠이다.

> ## A-ㄴ/은 데다가, V-는 데다가, N인 데다가
> 어떤 상황이나 특성에 대해 추가적인 정보를 제공하거나
> 어떤 동작에 다른 동작이 더해져서 일어남을 나타낼 때 사용한다.

✓ '앞과 뒤 문장의 주어가 같아야 하며, 그 내용이 비슷한 성질이어야 한다.

✓ 'A-ㄴ/은 데다가 N도, V-는 데다가 N도'의 형태로 쓰는 것이 자연스럽다.

- 춘천에서는 수상 레포츠를 즐길 수 **있는 데다가** 산악 레포츠**도** 즐길 수 있다.
- 이 아파트는 위치가 **좋은 데다가** 주변에 편의시설**도** 많아서 매우 편리하다.
- 그 회사는 기술력이 **뛰어난 데다가** 고객 서비스**도** 훌륭해서 많은 사람들이 선호한다.

▶ 다음을 연결하고 <보기>와 같이 문장을 완성하십시오.

[보기]	눈이 오다 ●	●	내성적이라서 친구가 없다
(1)	값이 저렴하다 ●	●	바람까지 불어서 더 춥다
(2)	노래를 잘하다 ●	●	춤도 잘 춰서 인기가 있다
(3)	머리가 좋다 ●	●	서비스도 좋아서 손님이 많다
(4)	소극적이다 ●	●	공부도 열심히 해서 1등을 했다

[보기] 눈이 오**는 데다가** 바람까지 불어서 더 춥다 .

(1) _____ .

(2) _____ .

(3) _____ .

(4) _____ .

※ 다음은 춘천에 대한 글입니다. 글을 읽고 질문에 답하십시오.

자연과 레포츠의 만남, 춘천시

춘천은 강원도에 있는 도시로 자연의 아름다움과 다양한 레포츠를 즐길 수 있는 관광지이다. 서울에서 북동쪽으로 약 85km 떨어져 있어 기차나 버스, 지하철을 이용해 쉽게 방문할 수 있다. 또한 고속 열차가 개통되어 있어 서울에서 1시간이면 이동이 가능하기 때문에 서울에서 춘천은 접근성이 좋은 도시이다.

남이섬

춘천의 가장 큰 자랑거리는 아름다운 자연경관이다. 도시를 둘러싸고 있는 춘천호는 넓고 평화롭기 그지없다. 특히 춘천호 주변의 일출과 일몰은 놓칠 수 없는 장관을 이룬다. 그래서 많은 사람들이 수상 스포츠, 낚시, 산책을 즐기기 위해 이곳 춘천호를 찾는다. 또 다른 춘천의 대표적인 관광지는 남이섬이다. 작은 섬 전체가 사계절 내내 다채롭고 변화무쌍한 자연 풍경을 자랑한다. 남이섬에는 자전거를 탈 수 있는 자전거 도로와 산책을 할 수 있는 산책로가 잘 정비되어 있을 뿐만 아니라 다양한 레포츠를 즐길 수 있는 공간이 마련되어 있다. 그래서 친구나 가족 단위의 여행객들에게 인기가 매우 높다. 또한 춘천에는 한국의 역사와 문화를 깊이 느낄 수 있는 명소들이 많다. 한국 전통 사찰의 아름다움을 감상하고 싶다면 청평사 방문을 추천한다. 청평사는 사찰 주변의 고즈넉한 산책로와 고요한 환경이 매력적이고 역사적으로도 가치가 높은 사찰이다. 그 외에도 예술과 자연을 동시에 즐길 수 있고 다양한 조각 작품을 감상할 수 있는 춘천조각공원, 다양한 음식점이 들어서 있어 내외국인이 모두 좋아하는 춘천의 대표 음식 닭갈비를 비롯하여 한국 전통 음식, 현대적인 퓨전 요리까지 다양한 음

춘천호

닭갈비

식을 맛볼 수 있는 춘천 명동 거리도 있다. 그리고 탁 트인 아름다운 자연경관을 감상하며 철도 위를 달리는 춘천 레일 바이크도 춘천을 대표하는 장소이다. 이처럼 춘천은 한 도시 안에서 다채로운 경험을 할 수 있는 도시이며 일 년 내내 방문객의 발길이 끊이지 않는 도시이다.

한국 대학생의 MT 문화

MT는 한국 대학생들의 독특한 친목 활동 문화이다. MT는 Membership Training의 약자로 대학생들이 학기 중이나 방학 동안에 팀워크를 다지기 위해 가까운 야외로 나가 함께 즐기는 오락 활동과 레크리에이션 활동을 말한다. MT의 기본적인 목적은 대학 동료와 유대감을 형성하고 대학이라는 새로운 환경에 적응할 기회를 제공하는 것이다. MT는 일반적으로 신입생 환영회나 동아리 활동의 일환으로 진행되며 다양한 그룹 활동과 게임을 통해 학과 동료들 간의 친밀감을 형성한다. 그래서 대학생들은 새로운 친구들을 사귀고 구성원 간의 팀워크를 높이며 학업 스트레스를 해소할 수 있는 기회로 MT를 손꼽아 기다린다.

MT는 야외 활동으로 진행되기 때문에 학생들은 주로 자연 풍광이 아름다운 곳을 MT 장소로 선택한다. 그리고 캠프파이어, 바비큐, 산책, 등산 등의 다양한 활동을 할 수 있고, 단체 숙박이 가능한 캠핑장, 리조트, 콘도 등을 MT 숙소로 선호한다. MT 기간 동안 참가자들은 일상에서 벗어나 자연 속에서 여유로운 시간을 가지며 새로운 경험을 쌓고 동료 간의 유대감을 형성한다. 또한 MT 프로그램은 일반적으로 팀으로 하는 게임과 레크리에이션으로 구성된다. 이렇게 다양한 MT 프로그램을 통해 서로의 협동심을 기르고 학과 동료와의 소통의 장을 마련하는 것이 MT의 핵심이다.

하지만 최근에는 이러한 MT 문화도 변화를 겪고 있다. 디지털 기술의 발전과 사회적 변화로 인해 온라인 MT나 하이브리드 MT가 등장했다. 화상 회의 플랫폼을 활용하여 온라인에서 게임과 소통을 진행하거나 오프라인과 온라인을 결합한 형태로 MT를 진행하는 경우도 많아졌다. 또한 MT 프로그램도 맞춤형 프로그램으로 발전하고 있다. 특정 테마를 정해 MT 프로그램을 진행하거나, 전문 레크리에이션 강사를 조정해 워크숍이나 세미나 형태로 프로그램을 편성하는 등 학과 학생들이 취향과 요구에 맞는 맞춤형 MT 프로그램이 인기를 끌고 있다. 이러한 변화와 함께 MT는 단순한 친목 도모를 넘어 참가자들에게 새로운 가치와 경험을 제공하는 기회로 진화하고 있다.

춘천의 물길을 따라 힐링 MT

춘천에서는 푸른 산과 맑은 물을 모두 만끽할 수 있다. 우선 춘천호에서는 카약, 서핑, 낚시, 수상 스키 등 수상 레포츠를 즐길 수 있는 데다가 그 주변의 산악 지형에서는 스키와 보드, 등산, 산악자전거, 패러글라이딩, 암벽 등반 등 산악 레포츠도 즐길 수 있다. 또한 춘천 레일 바이크는 춘천시와 강원도 원주시에 걸쳐 있는 코스로 소양강을 따라 조화롭게 펼쳐지는 강과 산의 경치가 일품이다. 이렇게 춘천은 MT에 참여하는 이들에게 상쾌한 공기와 멋진 경치, 다양한 레포츠를 한껏 누릴 기회를 제공하기 때문에 오랫동안 MT 장소로 사랑 받아 왔다.

춘천은 서울과의 접근성이 좋다는 점도 MT 장소로서 큰 장점이다. 교통이 편리하여 많은 대학생들이 서울과 인접한 춘천을 쉽게 방문할 수 있어 대규모 MT나 단체 활동에 적합한 도시이다. 이와 함께 춘천은 캠핑장부터 리조트까지 선택할 수 있는 다양한 숙박시설이 잘 갖추어져 있어 MT 참가자들이 편리하게 이용할 수 있다.

결론적으로 춘천의 아름다운 자연경관과 다양한 레포츠, 서울과의 접근성, 다양한 숙박시설 덕분에 많은 대학생들이 MT 장소로 춘천을 선호하고 있어 춘천을 인기 있는 MT 장소로 만들어 주고 있다.

1. 춘천이 한국의 주요 관광지가 된 이유는 무엇입니까?

→

2. MT의 목적은 무엇인지 고르십시오. [   ]

① 좋은 대학에 입학하기 위해

② 레크리에이션을 진행하기 위해

③ 한국 사회의 리더가 되기 위해

④ 대학 동료와 유대감을 형성하기 위해

3. 춘천에서 할 수 있는 일이 아닌 것을 고르십시오. [   ]

① 바다에서 낚시를 할 수 있다.

② 한국의 전통 음식을 맛볼 수 있다.

③ 공원에서 조각 작품을 감상할 수 있다.

④ 호수에서 수상 스포츠를 즐길 수 있다.

4. 춘천이 MT 장소로 인기가 있는 이유는 무엇입니까?

→

※ 다음은 한국 대학생의 MT 문화에 대한 대화입니다. 대화문을 읽고 빈칸을 채워 완성하십시오.

에릭: 다음 주에 우리 과에서 MT를 간다고 하던데 참가 신청했어? 난 처음 가는 MT라서 너무 기대가 돼.

사토: 당연히 했지. 난 작년에 다녀왔는데 정말 재미있었어. 학기 중에는 다들 바빠서 수업만 듣고 헤어져서 아쉬웠는데 MT를 함께 다녀오니까 동기뿐만 아니라 선후배들과도 훨씬 친해져서 대학 생활이 즐거워지더라고.

관위: 나도 대학에 입학했을 때 한국 친구가 없어서 한국 친구를 사귀고 싶었거든. 다행히 MT에서 같은 팀이었던 친구들과 가까워져서 대학 생활에 대한 정보도 얻고 한국 생활에 대한 정보도 얻고 너무 좋았어. 벌써 MT를 손꼽아 기다리고 있어.

에릭: 맞아. 나도 그래. 그런데 이번에 MT는 어디로 가는지 알아?

사토: 춘천으로 간다고 하던데. 난 제주도나 부산으로 가고 싶었는데. 왜 춘천으로 가기로 한 걸까?

지후: 춘천에는 산도 있고 강도 있고 호수도 있고 섬도 있거든. 그래서 등산도 할 수 있고 물놀이도 할 수 있고 다양한 레포츠를 즐길 수 있어. 서울에서 가깝기도 하고 기차로 갈 수도 있어서 우리 과 친구들이 모두 같이 이동하기 편해.

사토: 그래? 레포츠도 즐길 수 있단 말이지? 진짜 재미있겠다.

지후: 너희 나라에도 레포츠를 즐길 수 있는 도시가 있어?

에릭: _____

사토: _____

관위: _____

올가: _____

지후: 그렇구나. 우리 다음에는 너희 나라로 MT를 갔으면 좋겠다.

※ 여러분 나라에서 인기 있는 레포츠에 대해서 간략하게 써 보십시오

레포츠 이름:

활동 방법:

인기있는 이유:

※ 여러분 나라에서 인기 있는 레포츠를 소개하는 글을 쓰십시오.

....

....

....

....

....

....

....

....

....

유익한 관용 표현

가: 고향에 언제 돌아가?

나: 이제 5일 남았어. 고향에 돌아갈 날만 **손꼽아 기다리고 있어.**

💡 **손꼽아 기다리다:** 기대에 차 있거나 안타까운 마음으로 날짜를 세며 기다릴 때 쓸 수 있는 표현이다. 비슷한 표현으로는 **'눈이 빠지게(빠지도록) 기다리다', '목(이) 빠지게 기다리다'**가 있다.

💬 **'손꼽아 기다리다'**를 사용하여 대화문을 만드십시오.

가: _____

나: _____

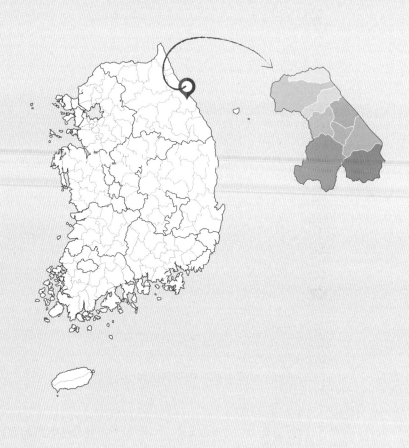

7과

햇살 가득한 문화 도시
강릉시

강릉시

들어가기

※ 여러분 나라에서는 새해에 어떤 행사를 하나요? 새해 일출을 보기 위해 방문하는 지역이 있습니까?

도시 개요

시청 소재지	강릉시 강릉대로 33 (홍제동)		
주요 행정구역	주문진읍, 연곡면, 사천면, 옥계면 등		
면적	1,040.83㎢ (서울 면적의 약 1.7배)		
인구	209,439명 2024년 기준 (출처: 강릉시)		
인구밀도	201명/㎢ 2024년 기준 (출처: 강릉시)		
1인당 GRDP*	3,779만 원 2022년 기준 (출처: 국가통계포털)		
상징	시화: 목백일홍	시목: 소나무	시조: 고니

*강릉시의 상위 행정구역인 강원특별자치도 기준

목표 어휘

후세	풍년	신앙	민속	향교	안녕
방언	석양	식감	무형	떡판	지형
유학자	지명	귀감	해돋이	해넘이	공예품
정체성	유적지	접하다	평평하다	향긋하다	지정되다
고원지대	독특하다	담백하다	돋보이다	선보이다	가파르다
만끽하다	친숙하다	강화하다	확립하다	이색적이다	고즈넉하다

확인하기

▶ 다음 빈칸에 알맞은 어휘를 넣어 문장을 완성하시오.

• 다양한 체험 프로그램은 강릉의 전통문화를 더욱 (   ) 느낄 수 있다.

• 평소에는 쉽게 접할 수 없는 전통 음식을 맛볼 수 있어 눈과 입이 즐거운 축제를 (   ).

• 단오굿은 마을의 (   )와/과 (   )을/를 기원하는 의식을 시작으로 다양한 민속 공연
과 함께 진행된다.

• 강릉 단오제는 유네스코 인류무형문화유산으로 (   ) 중요한 전통 행사이며 매년 음력 5월에
열린다.

• 이곳은 (   ) 분위기 속에서 조선 시대 강릉의 흔적을 깊이 느낄 수 있다.

• 단오굿은 전통 (   )와/과 민속 예술이 결합한 독특한 행사이다.

알아두기

• **신사임당**: 조선 중기의 시인이며 화가이자 학자 율곡 이이의 어머니다.
• **율곡 이이**: 조선의 대표적인 학자이자 정치가로 한국 유교 사상을 발전시킨 인물이다.
• **유학**: 도덕성과 사회 윤리를 중요하게 여기고 사회 구성원 간의 조화를 강조한 학문이다.
• **성리학**: 인간의 본성과 우주의 원리를 바탕으로 이 두 가지가 서로 질서와 조화를 이루는 원리를 연구하는 학문이다.

신사임당   율곡이이

V-다시피

청자가 이미 알고 있는 것과 같을 때 사용한다.

☑ 듣는 사람이 이미 알 정도로 일반적인 내용을 말할 때 사용한다.

☑ 거의 그 행동과 비슷하게 함을 의미할 때는 '-처럼'과 바꿔서 사용할 수 있다.

- **아시다시피** 이 행사는 3일 후에 끝납니다.
- **보다시피** 아주 평평한 지형이 펼쳐져 있지만 처음부터 이곳이 이렇게 평평하지는 않았대요.
- 앞에서 **이야기했다시피** 강릉은 천혜의 자연환경으로도 유명한데 이곳에서 난 식재료로 만드는 맛있는 음식으로도 명성이 자자하다.

확인하기

▶ 다음을 연결하고 <보기>와 같이 문장을 완성하십시오.

[보기]	일다 •	• 물기기 많이 올랐다
(1)	느끼다 •	• 내일 시험이 있다
(2)	소개했다 •	• 설악산은 단풍으로 유명하다
(3)	쓰여 있다 •	• 내일부터 행사가 시작된다
(4)	알려드렸다 •	• 이번 달 매출이 하락했다

[보기]   여러분도 **알다시피** 내일 시험이 있습니다.

(1)   여러분도   .

(2)   조금 전에   .

(3)   보고서에   .

(4)   미리   .

※ 다음은 강릉에 대한 글입니다. 글을 읽고 질문에 답하십시오.

햇살 가득한 문화 도시, 강릉

강릉은 한국의 동해안에 위치한 아름다운 도시로 자연의 경관과 풍부한 문화유산이 어우러진 매력적인 여행지이다. 이곳은 맑고 푸른 바다, 고운 모래사장 그리고 아름다운 산으로 둘러싸여 있어 사계절 내내 많은 관광객이 찾아온다. 강릉은 해돋이와 해넘이를 감상하기에 대표적인 명소로 유명한데 강릉의 바다는 석양을 볼 수 있는 완벽한 장소라고 해도 과언이 아니다. 특히 여름철에는 해수욕과 서핑 등 다양한 해양 스포츠를 즐길 수 있어 많은 이들이 이곳을 방문하고 있다.

강릉 단오제

앞에서 언급했다시피 강릉은 천혜의 자연환경으로도 유명한데 이곳에서 난 풍부한 식재료로 만드는 음식으로도 명성이 자자하다. 특히 초당두부는 전통 방식을 사용해서 만들기 때문에 부드러운 식감과 담백한 맛을 자랑하며 많은 이들에게 사랑받는다. 또한 강릉의 커피 거리에서는 다양한 카페에서 이색적인 메뉴와 함께 향긋한 커피를 즐길 수 있다. 이처럼 강릉은 자연과 문화, 미식이 어우러진 매력적인 도시로 한국인들의 사랑을 받는 도시이다.

청포묵

수리취떡

문화의 축제, 강릉 단오제

강릉은 다양한 전통 행사가 열리는 도시로 그중에서도 '강릉 단오제'는 단연 돋보이는 행사라고 할 수 있다. 강릉 단오제는 유네스코 인류무형문화유산으로 지정된 중요한 전통 행사이며 매년 음력 5월에 열린다. 이 축제는 깊은 역사와 문화가 담겨 있으며 관람객들은 한국의 민속 문화를 생생히 체험할 수 있다.

단오제의 대표적인 행사로는 강릉 향교에서 펼쳐지는 '단오굿'이 있으며 이는 전통 신앙과 민속 예술이 결합한 독특한 행사이다. 단오굿은 마을의 안녕과 풍년을 기원하는 의식을 시작으로 다양한 민속 공연과 함께 진행된다. 또한 이 의식과 행사에 주민들이 직접 참여하여 자신들의 전통과 문화를 이어가는 모습을 볼 수 있다. 축제 기간 중에는 강릉 거리 곳곳에서 전통 음식과 공예품을 만날 수 있어 방문객들은 한국의 전통문화를 더욱 깊이 체험할 수 있다. 이곳에서는 특히 단옷날에 즐기는 '수리취떡'이나 '청포묵'과 같이 평소에는 쉽게 접할 수 없는 전통 음식을 맛볼 수 있어 눈과 입이 즐거운 축제를 만끽할 수 있다.

강릉 단오제는 또한 다양한 공연과 체험 행사로 가득 차 있다. 전통 음악과 춤 공연은 물론이고 어린이들을 위한 민속놀이 체험도 마련되어 있어 가족 단위 방문객들도 많이 찾는 행사이다. 이러한 프로그램은 강릉의 전통문화를 더욱 친숙하게 느낄 수 있도록 도와준다.

강릉의 자연과 역사의 만남, 오죽헌

강릉을 방문할 때 빠질 수 없는 명소 중 하나는 바로 오죽헌과 경포대이다. 오죽헌은 조선 시대의 시인이자 화가였던 신사임당과 그의 아들이자 유학자인 율곡 이이기 태어난 곳으로 이이는 한국 역사에서 중요한 인물로 평가받고 있다. 율곡 이이는 1536년에 태어나 1584년에 세상을 떠난 인물로 조선 중기의 대표적인

오죽헌

유학자로 알려져 있다. 그는 유학의 발전에 기여했으며 그의 사상은 한국 교육과 철학에 큰 영향을 미쳤다. 특히 그는 '성리학'을 바탕으로 한 교육 체계를 확립하고, 도덕적 가치와 사회적 책임을 강조하며 많은 후학에게 귀감이 되었다.

오죽헌은 검은 대나무가 가득해 '오죽헌(烏竹軒)'이라고 불리는데, 이는 까마귀 오(烏)자를 써서 까마귀처럼 검은 대나무가 자라는 곳이라는 의미이다. 이곳은 16세기 중반에 지어진 전통적인 한국 건축물이며 조선 시대의 건축 양식을 그대로 간직한 곳이다. 오죽헌 특유의 고즈넉한 분위기는 이곳의 정원에서 나온다고 해도 과언이 아니다. 아름다운 대나무 숲으로 둘러싸여 있는 이곳은 평화롭고 차분하게 쉴 수 있는 공간을 제공한다. 방문객들은 이곳에서 산책하며 조선 시대의 정취를 느끼고 율곡 이이가 자란 곳에서 그의 삶을 돌아볼 수 있다. 또한, 오죽헌 주변에는 다양한 전통 공예품과 문헌들이 전시되어 있어 한국의 전통문화를 더욱 깊이 이해할 수 있을 것이다.

1. 강릉 단오제가 열리는 시기와 이 축제에서 주요 행사로 꼽히는 것은 무엇입니까?

→

2. 강릉에 대한 설명으로 맞는 것을 고르십시오. [   ]

① 강릉은 산이 없고 해수욕장이 많은 도시이다.

② 강릉은 동해안 끝에 있어 남해로 이동하기 쉽다.

③ 강릉은 일출과 일몰이 아름답기로 유명한 도시이다.

④ 강릉은 자연경관이 뛰어나지만 식재료가 풍부하지 않다.

3. 오죽헌에 대한 설명으로 맞지 않는 것을 고르십시오. [   ]

① 오죽헌에서 율곡 이이가 태어났다.

② 오죽헌은 검은 대나무가 자라는 장소이다.

③ 오죽헌에서는 고즈넉한 분위기를 느낄 수 있다.

④ 오죽헌은 현대의 사상과 교육 철학을 기리는 장소이다.

4. '오죽헌'이라는 이름의 유래는 무엇입니까?

→

※ 다음은 지명에 대한 대화입니다. 대화문을 읽고 빈칸을 채워 완성하십시오.

사토: 와, 여기 풍경은 정말 아름답다! 이렇게 푸른 산과 들판이 펼쳐진 곳은 처음이야.

시연: 맞아. 여기 경치가 정말 멋지지? 특히, 이 '안반데기'는 아름답기로 아주 유명해. 고원지대에 있는 마을이라 독특한 풍경과 역사를 자랑하거든.

올가: 이곳에 특별한 역사가 있어?

시연: 보다시피 아주 평평한 지형이 펼쳐져 있지만 처음부터 이곳이 이렇게 평평하진 않았다. 해발 1,100m 정도의 높고 가파른 산을 사람들이 깎아서 이렇게 평평하게 만든 거래. 그런 특별한 역사가 있어서 이곳이 더 의미 있는 장소로 사람들에게 기억되는 것 같아.

에릭: 그런데 이름이 참 특이하네. 무슨 뜻이야?

시연: '안반데기'는 강원도 방언으로 '넓은 떡판'이라는 뜻이야. 이 지역이 넓고 평평한 고원지대라서 그렇게 불리게 되었어.

호아: 아, 그래서 마치 떡판처럼 넓고 평평한 지형이구나. 우리 나라에도 '안반데기'처럼 지형의 모습으로 지명을 지은 장소들이 있어.

시연: 그래? 지명이 뭔데?

호아: _____

호아: 정말 재미있다. 그럼 사토, 너희 나라는 어때?

사토: 우리 나라에도 _____

_____

_____

올가: 신기한 지명이네. 우리 나라는 _____

_____

_____

에릭: 나는 너희들의 이야기를 들으면서 이곳이 생각 났어. _____

_____

_____

시연: 이렇게 다양한 의미를 가진 지명이 많다니 정말 재미있다.

※ 여러분 나라의 독특한 지명에 대해 간략하게 써 보십시오.

나라/지역:

지명:

지명과 관련된 일화:

※ 여러분 나라의 독특한 지명을 설명하는 글을 쓰십시오.

유익한 관용 표현

가: 어제 늦게까지 공부했나 봐요. 너무 피곤해 보여요.
나: 혼자 공부하다가 모르는 문법에 **발목을 잡혀서** 밤새 이해하느라 혼났어요.

발목을 잡히다: 어떤 문제를 해결하지 못하는 상황이거나 어떤 것에 약점을 잡혀서 곤란한 상황에서 사용한다.

'발목을 잡히다'를 사용하여 대화문을 만드십시오.

가: _____

나: _____

4단원

호남

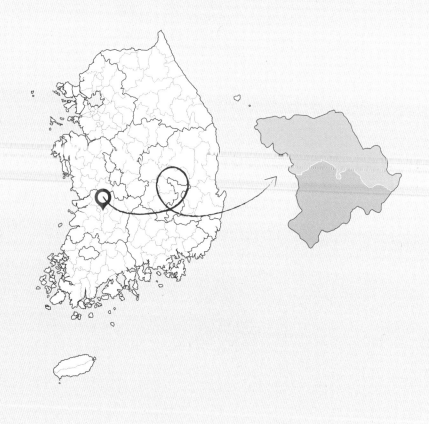

8과

전통과 현대를 비비다
전주시

전주시

들어가기

※ 여러분 나라에서 '음식'으로 유명한 도시가 있습니까? 그 도시에서 가장 유명한 '음식'은 무엇입니까?

도시 개요

시청 소재지	완산구 노송광장로 10 (서노송동)		
주요 행정구역	완산구, 덕진구		
면적	206.02㎢ (서울 면적의 약 3/10)		
인구	639,354명 2024년 기준 (출처:행정안전부)		
인구밀도	3,107.07명/㎢ 2024년 기준 (출처:국가통계포털)		
1인당 GRDP*	3,448만 원 2022년 기준 (출처:국가통계포털)		
상징	시화: 개나리	시목: 은행나무	시조: 까치

*전주시의 상위 행정구역인 전북특별자치도 기준

목표 어휘

흠	설	기원	위패	객사	사신
제왕	물산	장시	외지	고다	시조
원형	양식	관리	오방색	인지도	순교지
자극적	기리다	향균 효과	온전하다	선정되다	진출하다
연출하다	순수하다	갖추어지다	어우러지다	뿌리를 내리다	

확인하기

▶ 다음 빈칸에 알맞은 어휘를 넣어 문장을 완성하시오.

• 후백제와 조선의 기원이 된 곳으로서 국내외에서 높은 (　　　　　　)을/를 자랑한다.

• 전주의 옛 이름인 '온다라'는 완전하고 (　　　　　　)이/가 없으며, 순수하고 모든 것이 완벽하게 갖추어
진 땅을 의미한다.

• 한옥 거리 사이사이에 잘 꾸며진 카페, 분위기 있는 레스토랑이나 미술관 등 현대적인 시설들이 자리하고
있어, 전통과 현대가 (　　　　　　) 독특한 매력을 느낄 수 있다.

• 콩나물국밥은 일상적인 재료로 만들어 (　　　　　　)이지 않지만, 기억에 남고 중독성 있는 맛을 자랑한다.

• 전주비빔밥은 밥을 지을 때 소머리를 (　　　　　　) 육수를 사용해 밥알이 잘 비벼지고 윤기가 난다.

• 삼백집은 전주식 콩나물국밥의 (　　　　　　)에 가깝다고 하며, 외지에서 판매되는 전주식 콩나물국밥과
유사하다.

 알아두기

• **장시**: 조선 시대 지방의 상인, 농민, 수공업자들이 상품을 교역하던 장소였다. 전라도에서 시작되
어 점차 전국으로 확대되었으며, 상품 교환뿐만 아니라 정보 교환, 오락 등의 다양한 기능을 수행
했다. 조선 후기에는 경제적 발달과 함께 장시의 역할이 확대되었고, 일부는 상설화되기도 하였다.

• **로마네스크 양식**: 10세기부터 12세기까지 서유럽에서 발전한 중세 초기의 건축 및 예술 양식이다.
두꺼운 석벽, 반원형 아치, 그리고 좁고 어두운 창문이 특징이며, 주로 교회나 성당 건축에 사용되
었다.

• **비잔틴 양식**: 비잔틴 양식은 동로마 제국(비잔틴 제국)에서 발전한 예술과 건축 양식으로, 4세기부
터 15세기까지 이어졌다. 주요 특징으로는 돔을 활용한 웅장한 건축물과 모자이크로 장식된 화려
한 성당 내부이며 대표적인 예로는 콘스탄티노플의 아야 소피아 성당이 있다.

·N이/가(은/는) N(으)로 꼽히다   ·N을/를 N(으)로 꼽다

어떤 대상이 특정한 범주나 기준에서 선택됨을 나타낸다.

☑ **구어체에서는 잘 쓰이지 않는다.**

- 전주**는** 전북특별자치도의 최대 도시**로 꼽힌다.**
- 전주비빔밥**은** 개성의 탕반, 평양의 냉면과 함께 조선 시대 3대 음식 중 하나**로 꼽힌다.**
- 전주 시민들**은** 콩나물국밥을 가장 전주다운 것**으로 꼽는다**고 한다.

확인하기

▶ 다음을 연결하고 <보기>와 같이 문장을 완성하십시오.

[보기]	이 책은	•	•	나의 멘토
(1)	전주는	•	•	혁신적인 발명
(2)	나는 여자 친구를	•	•	온해 가장 영향력 있는 작품
(3)	전문가들은 이 기술을	•	•	전시회에서 가장 인상적인 작품
(4)	나는 이 그림을	•	•	최고의 관광지

[보기]   이 책**은** 올해 가장 영향력 있는 작품**으로 꼽힌다.**

(1) _____ .

(2) _____ .

(3) _____ .

(4) _____ .

※ 다음은 전주에 대한 글입니다. 글을 읽고 질문에 답하십시오.

전주, 전통과 현대를 비비다

전주는 백제 시대에 완산(完山)으로 불렸으며 마한에서는 원지국(圓池國)이라고 하다가 757년부터 '전주'라는 지명이 사용되기 시작했다. 완(完)과 전(全)은 모두 '온전하다'는 뜻을 가진 한자로 전주의 옛 이름인 '온다라'는 완전하고 흠이 없으며, 순수하고 모든 것이 완벽하게 갖추어진 땅을 의미한다. 전주는 전북특별자치도의 최대 도시로 꼽히며, 전북특별자치도청의 소재지이기도 하다. 시 대부분이 완주군에 접해 있고, 서쪽으로는 김제시, 서북 방향으로는 익산시가 맞닿아 있다. 전주는 전북에서 유일하게 특례시가 된 도시이며 후백제와 조선의 기원이 된 곳이다. 그런 면에서 전주는 국내외에서 높은 인지도를 자랑한다.

조선 왕실의 고향, 현대를 살아가다

대한제국 황실의 상징인 오얏꽃은 전주 이(李, 오얏나무 리)씨를 의미한다. 전주는 조선 왕실의 선조들이 뿌리를 내렸던 왕실의 고향이기 때문이다. 또한 전주에는 조선 왕조의 태조 이성계의 초상화가 있는 경기전, 조선왕조실록을 보관하고 있는 전주사고, 전주 이씨의 시조인 '이한'의 위패가 있는 사당 등이 자리해 있다. 전주의 구도심에는 외국 사신이나 조선 시대 관리들이 전주를 방문할 때 머물렀던 공식 숙소인 풍패지관(豊沛之館)이 위치해 있다. 이 '풍패'(豊沛)라는 말이 새로운 왕조를 세운 제왕의 고향을 의미한다는 것을 생각하면 전주라는 도시가 조선 왕실과 얼마나 인연이 깊은지 알 수 있다.

전주 한옥 마을

전주부성의 4대문(풍남문, 공북문, 패서문, 완동문) 중 유일하게 남아 있는 풍남문은 '풍패'의 남쪽을 뜻한다. 또한 풍남문은 한옥 마을과 인

전동성당

접해 있어 한옥 마을의 관문 역할을 한다. 한옥 마을 사이사이에 잘 꾸며진 카페, 분위기 있는 레스토랑이나 미술관 등 현대적인 시설들이 자리해 있어, 전통과 현대가 어우러진 독특한 매력을 느낄 수

있다. 풍남문 바로 건너편에 조선 시대 건물들과는 대조적인 전동성당이 눈에 띈다. 과거 천주교도들의 순교지에 세워진 이 성당은 순교자들을 기리기 위해 1914년에 건립되었다. 로마네스크 양식과 비잔틴 양식의 돔이 어우러진 전동성당은 풍남문과 경기전과 가까이 있어, 한국의 전통문화와 서양의 기독교 문화가 한데 어우러진 장면을 연출한다.

'맛'과 '조화'의 비빔밥

조선 시대에 전주는 전라도의 행정과 경제 중심지로서, 전국 각지의 생산물과 인구가 많이 모여 장시가 발달했다. 전주성 안에는 한 개의 장시가 있고 성문 밖에는 네 개의 장시가 있어 물류의 중심지 역할을 했다. 전주는 좋은 지리적 환경 덕분에 품질이 좋은 농산물이 많이 나는 곳이기도 하다. 콩나물과 황포묵, 열무, 무, 감, 미나리, 담배, 애호박, 게, 그리고 모래무지 등은 '전주 10미'로 알려져 있다. 이런 재료와 전라도의 깊은 장맛이 어우러져 전주만의 독특한 음식이 발전했다.

전주의 대표적인 음식 중 하나는 전주비빔밥이다. 전주비빔밥은 개성의 탕반, 평양의 냉면과 함께 조선 시대 3대 음식 중 하나로 꼽혔고, 진주비빔밥, 해주비빔밥과 함께 조선의 3대 비빔밥으로도 유명하다. 2006년에는 문화관광부의 '대한민국 100대 민족문화상징' 중 하나로 선정될 정도로 전주비빔밥은 한국을 대표하는 음식 중 하나로 자리매김했다. 1980년대에는 전국적으로, 1990년대 이후에는 해외로도 알려졌다. 전주비빔밥은 마이클 잭슨이 1997년 전주를 방문해 전주비빔밥을 처음 먹고 반한 일화가 유명하다. 그는 이후 한국 방문 때마다 전주비빔밥을 즐겼고, 그가 묵은 호텔에서는 '마이클 잭슨 비빔밥'이 민들이 인기를 끌었다. 전주비빔밥의 큰 특징은 30여 가지의 다양한 재료가 조화를 이루는 것이다. 오방색을 상징하는 재료들이 사용되며, 전통적으로 놋그릇에 담아냈다. 전주비빔밥은 밥을 지을 때 소머리를 곤 육수를 사용해 밥알이 잘 비벼지고 윤기가 난다. 경상남도의 진주비빔밥도 육수를 사용하지만 양지머리를 재료로 사용한다는 점에서 차이가 있다.

| 개성탕반 | 평양냉면 | 전주비빔밥 |

전주 사람들의 소울푸드, 콩나물국밥

비빔밥뿐만 아니라 콩나물국밥 또한 전주의 대표 음식이다. 비빔밥이 전 세계적으로 사랑받고 있기는 하나 전주 시민들은 콩나물국밥을 가장 전주다운 것으로 꼽는다고 한다. 콩나물국밥은 일상적인 재료로 만들어 자극적이지 않지만, 기억에 남고 중독성 있는 맛을 자랑한다. 전주 콩나물국밥은

'삼백집 스타일'과 '남부시장 스타일'로 구분되는데, 대부분의 식당은 남부시장 스타일을 따르고 있다. '삼백집'은 전주에서 가장 오래된 국밥집 중 하나로 다른 식당과는 스타일이 다르다. 오징어 육수를 사용하는 남부시장과는 달리, 콩나물 자체의 국물 맛을 살린 담백한 맛이 특징이다. 삼백집은 전주식 콩나물국밥의 원형에 가깝다고 하며, 외지에서 판매되는 전주식 콩나물국밥과 유사하다. 삼백집이라는 이름은 하루 300그릇을 팔면 장사를 끝내서 붙었다는 설과 하루에 300그릇이나 팔린다는 설이 있다. 콩나물국밥으로 유명한 가게들은 예술회관 근처 서점 골목에 모여 있다.

콩나물국밥

확인하기

1. 전주가 '조선 왕실의 고향'이라 불리는 이유는 무엇입니까?

→

2. '완산'과 '전주'에서 공통적으로 나타나는 한자의 의미를 고르십시오. [　　]

① 담백하다
② 온전하다
③ 아름답다
④ 풍요롭다

3. 다음 중 전주를 대표하는 음식이 <u>아닌</u> 것을 고르십시오. [　　]

① 비빔밥
② 황포묵
③ 돼지국밥
④ 콩나물국밥

4. 전주비빔밥의 특징은 무엇입니까?

→

※ 다음은 음식에 대한 대화입니다. 대화문을 읽고 빈칸을 채워 완성하십시오.

호아: 시연아! 여기 앉아. 드디어 식사 시간이네.

시연: 맞아. 견학도 좋지만 전주까지 답사 수업을 왔는데, '전주'하면 음식이잖아. 내가 이 식사 시간을 얼마나 기다렸는지 몰라.

호아: 그렇게 전주 음식이 맛있어? 나는 비빔밥밖에 몰라서.

시연: 전주하면 비빔밥이 아주 유명하긴 하지. 하지만 비빔밥 말고도 전주는 맛있는 음식이 아주 많아. 콩나물국밥도 그렇지만 개인적으로 전주 콩국수를 추천하고 싶어.

호아: 콩국수? 서울에서 먹어 보기는 했는데 전주 콩국수가 다른 지역과 다른 점이 있어?

시연: 그럼. 지역마다 콩국수에 설탕을 넣는 곳이 있고 소금을 넣는 곳이 있는 거 알아? 전주에서는 설탕을 넣는데, 거기에다가 면을 메밀로 만들어.

호아: 참 독특하네. 그러고 보니 우리나라에도 그런 특별한 음식이 있어.

_____

_____

다음에 내가 만들어 줄게. 올가, 너희 나라의 특별한 음식 소개 좀 해줘.

올가: _____

_____

사토: _____

_____

띠띠: _____

_____

에릭: _____

_____

※ 여러분 나라의 특정 지역에서 먹는 음식에 대해서 간략하게 써 보십시오.

음식 이름:

지역:

특징:

※ 여러분 나라의 특정 지역에서 먹는 음식을 소개하는 글을 쓰십시오.

....

....

....

....

....

....

....

유익한 관용 표현

가: 요즘 수입이 좋지 않네요.

나: 맞아요. 물가는 오르는데 월급은 그대로라 **목구멍에 풀칠만 할** 정도예요.

💡 **목구멍에 풀칠하다**: 가난하여 겨우 먹고 사는 정도이다. 힘들게 산다. 비슷한 표현으로 '**입에 풀칠하다**'가 있다.

💬 '**목구멍에 풀칠하다**'를 사용하여 대화문을 만드십시오.

가: _____

나: _____

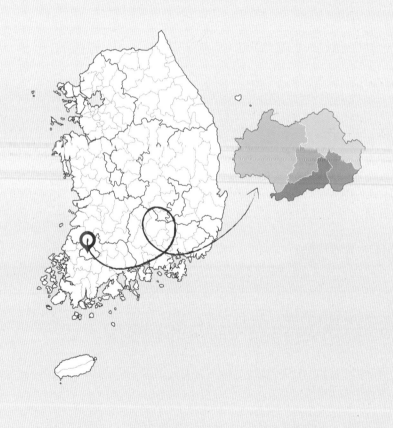

문화와 혁명의 도시, 빛고을
광주광역시

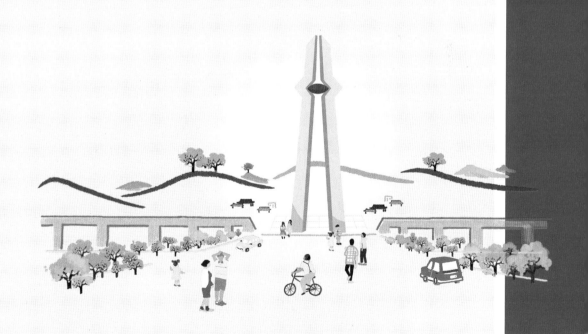

광주광역시

들어가기

※ 여러분 나라에서 역사적으로 중요한 도시가 있습니까? 그 도시에서 어떠한 사건이 있었습니까?

도시 개요

시청 소재지	서구 내방로 111 (치평동)
주요 행정구역	북구, 남구, 동구, 서구, 광산구
면적	501.02㎢ (서울 면적의 약 4/5)
인구	1,412,986명 2024년 기준 (출처:행정안전부)
인구밀도	2,820.33명/㎢ 2024년 기준 (출처:국가통계포털)
1인당 GRDP	3,349만 원 2022년 기준 (출처:국가통계포털)

	시화: 철쭉	시목: 은행나무	시조: 비둘기
상징			

목표 어휘

예향	일대	혁명	집권	발단	개헌
탄압	통제	혼란	장악	폭도	무장
사면	의거	계엄령	강압적	지휘권	쿠데타
개칭되다	자랑하다	점령하다	촉진하다	하야하다	규정하다
선고받다	강경 진압	권위주의적	포위당하다	극에 달하다	막을 내리다

확인하기

▶ 다음 빈칸에 알맞은 어휘를 넣어 문장을 완성하시오.

- 고려 시대에 비로소 무주가 광주로 (   ).

- 이 사건이 전국으로 확산되면서 이승만 대통령은 4월 26일 결국 (   ) 되었다.

- 신군부 세력이 12월 12일에 (   )을/를 일으켜 군 지휘권을 장악하며 권력을 잡았다.

- 민주주의 회복과 (   ) 해제를 요구하는 목소리가 높아졌다.

- 5·16 군사 정변으로 군인 출신인 박정희 대통령에 의한 (   ) 정권이 들어서게 되었다.

- 쿠데타로 정권을 잡았던 전두환과 노태우가 법정에 서게 되어 각각 무기징역과 17년형을 (   )
  1997년 특별 사면되었다.

 알아두기

5·18민주화운동과 영화: 5·18민주화운동은 한국의 현대사에 있어서 큰 사건인 만큼 많은 영화의 소재가 되었다. '서울의 봄(2023)'은 12·12 군사반란을 다루며 전두환의 군사 반란과 이를 막으려는 사람들의 이야기를 그린다. 광주에 대한 언급은 없으나 5·18민주화운동의 가장 큰 배경이 된 12·12 군사반란을 모티브로 하고 있다. '스카우트(2007)'는 5·18 직전 대학 야구팀의 스카우트 담당이었던 주인공이 야구 스타 선동열을 스카우트하기 위해 광주로 향하는 이야기로 민주화 시위를 외면하던 주인공은 광주의 현실을 마주하며 변하게 된다. '화려한 휴가(2007)'는 광주 시민의 시선에서, '택시운전사(2017)'는 외부인의 시각에서 5·18을 그리며, 특히 '택시운전사'는 독일인 기자 힌츠페터가 서울의 택시 운전사와 함께 광주의 참혹함을 세계에 알리는 과정을 담았다. '박하사탕(1999)'은 5·18 진압에 투입된 계엄군의 시선에서 개인의 비극을 통해 한국 현대사의 어두운 면을 조명하며 '26년(2012)'은 피해자들의 복수를 다룬다. 이러한 영화들은 수십 년 전의 사건이 현대에 이르기까지 영향을 주고 있음을 보여준다.

V-고자

어떤 행동을 하려는 의도나 목적, 희망을 나타낼 때 사용한다.

☑ **구어체에서는 잘 쓰이지 않는다.**

☑ **과거를 나타내는 '-았/었-'이 앞에 오지 않는다.**

- 이 행사는 '예향 광주', '문화 수도 광주'라는 브랜드를 확립하**고자** 기획되었다.
- 4.19 혁명은 부정선거에 맞서**고자** 광주와 마산에서 일어난 3.15 의거가 직접적인 발단이 되었다.
- 권력을 유지하**고자** 국회에서의 부정투표, 반대 세력의 탄압, 언론 통제 등을 행하였다.

확인하기

▶ **다음을 연결하고 <보기>와 같이 문장을 완성하십시오.**

[보기]	문제를 해결하다 ●	● 다양한 전략을 기획하다
(1)	회사를 발전시키다 ●	● 열심히 운동하다
(2)	성적을 올리다 ●	● 다양한 방법을 시도해 보다
(3)	건강한 몸을 갖다 ●	● 열심히 돈을 벌다
(4)	여행을 가다 ●	● 공부를 열심히 하다

[보기]　　　문제를 해결하**고자** 다양한 방법을 시도해 보았다.

(1) _____ .

(2) _____ .

(3) _____ .

(4) _____ .

※ 다음은 광주에 대한 글입니다. 글을 읽고 질문에 답하십시오.

빛고을 광주, 문화와 혁명의 도시

광주는 '빛고을'이라는 한국의 고유어에서 유래된 이름으로 '빛고을 광주'라는 표현이 자주 사용된다. 전라남도에서 분리된 광역시로 여전히 전라남도와 협력하고 있으며, 주변 지역과 밀접한 관계를 맺고 있다. 백제 시대의 광주는 무진주로 불리며 지리적 특성상 중요한 해상 교역의 중심지였다. 통일 신라 시대가 되면서 무주로 불리었고, 이후 후삼국 시대에는 견훤이 이곳을 점령하고 후백제를 세웠다. 고려 시대에 비로소 무주가 광주로 개칭되었으며, 조선 시대에는 여러 번 명칭과 행정구역이 변경되었다.

일제 강점기에는 광주읍으로 시작해 광주부로 승격되었고, 해방 후 1949년에 광주시로 변경되었다. 1980년에는 광주직할시로 승격되었으며, 1995년에는 광주광역시로 명칭이 변경되었다. 현재 광주는 5개 자치구와 97개 행정동으로 구성된 대도시로 발전하였고, 대한민국에서 서울, 부산, 인천, 대구 등의 도시와 어깨를 나란히 할 수 있게 되었다.

예술의 도시, 광주

광주에서 유명한 것 중 하나는 바로 '광주비엔날레'이다. 광주비엔날레는 광주에서 2년에 한 번 열리는 국제 현대미술 전시회로, 1995년 첫 회를 시작으로 매 짝수 해 가을에 개최되고 있다. 이 행사는 '예향 광주', '문화 수도 광주'라는 브랜드를 확립하고자 기획되었으며, 광주의 문화도시 이미지를 강화하는 데 크게 기여했다. 광주비엔날레는 아시아 최초로 설립된 비엔날레이기 때문에 그만큼 세계적으로도 높은 인지도를 자랑한다. 2014년에는 세계적인 미술 전문 매체인 아트넷(Artnet)이 선정한 '세계 20대 비엔날레'에 이름을 올렸고 베네치아 비엔날레, 카셀 도큐멘타 등과 함께 세계 5대 비엔날레로 알려졌다.

광주비엔날레는 비디오아트의 선구자인 백남준의 조언과 참여로 초기부터 미디어아트와 비디오아트를 포함한 다양한 현

광주비엔날레 포스터
[출처: 한국관광콘텐츠랩]

대미술 형식을 선보이며 세계 미술계에 자리 잡았다. 특히 한국의 문화와 민주적 시민정신을 세계에 알리고, 동서양의 문화적 소통을 촉진하는 중요한 장으로서 역할을 하고자 했다. 주요 전시 장소는 용봉동 비엔날레 전시관과 중외공원 일대이며, 광주 지역 곳곳에 다양한 전시 공간을 활용하기도 한다.

혁명과 민주주의의 성지

광주는 4·19 혁명, 5·18민주화운동 등 주요한 민주화 운동이 발생한 도시로 한국 근현대사의 중심에 있었다. 4·19 혁명은 1960년 3월 15일에 이승만 정권이 초대 대통령의 집권 연장을 위해 저지른 부정선거에 맞서고자 광주와 마산에서 일어난 3·15 의거가 직접적인 발단이 되었다. 당시 이승만 정권은 개헌으로 체제를 강화했고, 권력을 유지하고자 국회에서의 부정투표, 반대 세력의 탄압, 언론 통제 등을 행하였다. 이에 대해 불만이 극에 달했고, 특히 당시 전라남도에 속해 있던 광주에서는 3·15 부정선거에 반발한 시민들이 시위를 시작했다. 이후 시위는 경찰의 강경 진압으로 유혈 사태로 이어졌고, 이 사

국립 5.18 민주 묘지

건이 전국으로 확산되면서 이승만 대통령은 4월 26일 결국 하야하게 되었다.

이승만 대통령 하야 이후 윤보선 대통령이 당선되어 그 자리를 이어받았으나 5·16 군사 정변으로 군인 출신인 박정희 대통령에 의한 권위주의적 정권이 들어서게 되었다. 이후 1979년 10월 26일 박정희 대통령의 갑작스러운 사망으로 인한 사회적 혼란 속에서 전두환과 노태우를 중심으로 한 신군부 세력이 12월 12일에 쿠데타를 일으켜 군 지휘권을 장악하며 권력을 잡았다. 1980년 5월 초, 전국적으로 노동 운동과 대학생들에 의한 시위가 격화되면서 민주주의 회복과 계엄령 해제를 요구하는 목소리가 높아졌다. 신군부는 5월 17일 전국으로 비상계엄을 확대하고, 정치인과 학생들을 다수 체포하며 강압적인 통치를 이어갔다. 이에 반발해 5월 18일 광주에서 시작된 학생 시위는 곧 시민들의 참여로 확산되었고, 신군부는 공수부대를 투입해 강경 진압에 나섰다. 5월 20일 수만 명의 시민들이 시위에 참여하며 광주 MBC와 광주세무서 등 상징적인 건물이 불타오르게 되었고 이에 계엄군은 시민들을 폭도로 규정하며 군인들에게 무장을 명령했다. 이후 시위 도중 사망한 사람들의 시신이 발견되면서 분노는 극에 달했고, 시민들이 무기고를 털면서 무장한 시민군이 형성되었다. 시민군은 계엄군을 광주 외곽으로 몰아내고 도심을 장악했으나, 계엄군에 의해 광주가 포위당하였고, 5월 27일 새벽 계엄군은 대규모 진압 작전을 펼쳐 전남도청을 포함한 주요 거점을 점령하며 항쟁을 진압시켰다.

한때 정부는 이러한 민주화 운동을 폭동으로 규정하였으나 진상규명을 위한 지속적 투쟁으로 1995년 특별법이 제정되어 광주 민주화 운동과 관련된 공소시효가 정지되었다. 뒤이어 쿠데타로 정권을 잡았던 전두환과 노태우가 법정에 서게 되어 각각 무기징역과 17년형을 선고받았으나 1997년 특별사면되었다. 같은 해인 1997년 5·18민주화운동 기념일이 국가기념일로 제정되었고 2011년에는 관련 기록물이 유네스코 세계기록유산으로 지정되었다. 이후 2024년 한국의 소설가 '한강'이 5·18민주화운동을 다룬 소설 '소년이 온다'로 노벨문학상을 받으면서 세계 각국에서 5·18민주화운동이 더욱 알려지게 되었다. 수많은 시민이 희생되었고 항쟁은 결국 강제적으로 막을 내렸다. 하지만 이후 5·18은 한국 민주화 운동의 중요한 상징이 되었고 더 나아가서는 한국과 광주만의 것이 아니라 세계의 중요한 역사가 되었다.

1. 광주로 불리기 시작한 시대는 언제입니까?

→

2. '빛고을'이라는 명칭의 유래를 고르십시오. [   ]

① 신라 시대 당시 명칭

② 백제 시대 당시 명칭

③ 해외에서 부르는 명칭

④ 한자를 고유어로 바꾼 명칭

3. 1960년 4·19 혁명의 직접적인 발단이 된 사건을 고르십시오. [   ]

① 4·3 사건

② 3·15 부정선거

③ 5·16 군사 정변

④ 12·12 군사 쿠데타

4. 5.18 민주화운동과 관련된 기록물은 2011년에 무엇으로 지정되었습니까?

→

한국의 역대 비상계엄

대한민국 정부 수립 이후 처음 선포된 계엄은 1948년 10월 25일 여수와 순천 지역에 한정된 합위지경(현재의 비상계엄)이다. 이는 여수와 순천 지역의 군인들이 제주 4·3 사건 진압을 거부한 데에 대한 대응으로, 이승만 대통령이 선포한 것이었다.

이후 제주 4·3 사건, 6·25 전쟁, 4·19 혁명, 5·16 군사정변, 6·3 항쟁, 10월 유신, 부마항쟁 등 다양한 사회적·정치적 사건들이 계엄 선포의 배경이 되었다. 특히 부마항쟁 당시 선포된 계엄은 10·26 사건(박정희 대통령 암살 사건)으로 이어졌고, 이는 12·12 군사반란의 단초가 되었다. 이 과정에서 전두환을 필두로 한 신군부는 정권 장악을 위해 1980년 5월 17일 일부 지역에 한정했던 비상계엄을 전국으로 확대하였으며, 이 조치는 광주 5·18 민주화 운동의 도화선이 되었다.

한편, 가장 최근의 계엄은 2024년 12월 3일 오후 10시 30분 윤석열 대통령에 의해 선포된 비상계엄이다. 약 45년 만에 선포된 이번 계엄령은 다음 날 오전 4시 30분에 해제되었다.

※ 다음은 역사 속 지역이 가지는 의미에 대한 대화입니다. 대화문을 읽고 빈칸을 채워 완성하십시오.

에릭: 여기가 저번 수업 시간에 배웠던 금남로구나.

시연: 맞아, 나도 이야기로만 들었지 직접 오는 건 처음이야.

에릭: 한국 역사에 큰 발자취를 남긴 장소인데, 지금은 이렇게나 평화롭네. 여기가 그 5·18 민주화 운동의 중심이었잖아.

시연: 맞아. 당시에 여기서 많은 사람들이 모여서 시위를 했지. 그럼 혹시 여기가 5·18 이외에도 6월 민주항쟁에 있어서 중요한 곳이었다는 거 알아?

에릭: 6월 민주항쟁? 직선제 개헌 거부와 고문치사 사건의 은폐 조작에 대한 반발로 일어난 대규모 민주화 운동이라고 들었어. 서울을 중심으로 일어난 거라고 생각했는데.

시연: 6월 민주항쟁은 전국 규모의 시위였기 때문에 서울뿐만 아니라 광주에서도 많은 사람들이 참가했어. 특히 여기 금남로를 중심으로 30여 차례나 이어졌고. 가장 큰 시위는 6월 26일 '국민평화대행진'인데, 금남로에는 5만여 명의 시민들이 모여 민주화를 외쳤고, 6월 민주항쟁 중 최루탄에 맞아 사망한 당시 대학생 '이한열'의 운구 행렬이 광주에 도착했을 때 그 열기는 절정에 달했다고 해.

에릭: 이곳이 한국 근현대사에 있어서 정말 중요한 장소라고 할 수 있겠네. 우리 나라에도 광주처럼 역사적으로 중요한 장소가 있어. _____

올가: _____

사토: _____

띠띠: _____

호아: _____

※ 여러분 나라에서 역사적으로 의미가 있는 지역에 대해 간략하게 써 보십시오.

지역:

사건:

의의:

※ 여러분 나라의 역사적으로 의미가 있는 지역을 설명하는 글을 쓰십시오.

....

....

....

....

....

....

....

....

유익한 관용 표현

가: 이번 프로젝트에서 팀원들이 정말 잘 해냈어.

나: 맞아, 모두가 노력한 덕분에 대기업과 **어깨를 나란히 하**는 결과를 얻은 것 같아.

💡 **어깨를 나란히 하다**: 서로 비슷하거나 같은 위치 또는 수준에서 함께 행동하다

💬 '**어깨를 나란히 하다**'를 사용하여 대화문을 만드십시오.

가: _____

나: _____

5단원

영남

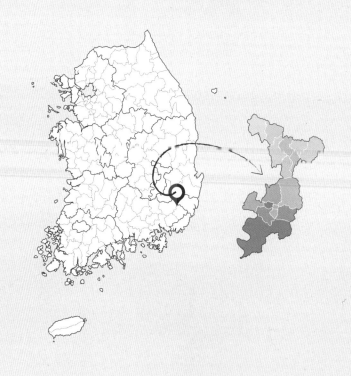

10과

다채로운 매력의 도시
대구광역시

대구광역시

들어가기

※ 여러분 나라에서 가장 날씨가 덥기로 유명한 도시가 있습니까? 그곳은 어디입니까?

WELCOME TO
DAEFRICA!

42.4℃
1942년 8월
최고기온

128° 35' 29" E
35° 51' 59" N

대한민국 극한점

[출처: 연합 뉴스]

도시 개요

시청 소재지	동인청사: 중구 공평로 88 (동인동1가), 산격청사: 북구 연암로 40 (산격동)		
주요 행정구역	중구, 동구, 남구, 수성구 등		
면적	1,499.47㎢ (서울 면적의 약 2.5배)		
인구	2,367,183명 2024년 기준 (출처: 국가통계포털)		
인구밀도	1,586.7명/㎢ 2023년 기준 (출처: 국가통계포털)		
1인당 GRDP*	2,965만 원 2022년 기준 (출처: 국가통계포털)		
상징	시화: 목련	시목: 전나무	시조: 독수리

목표 어휘

고대	유물	유산	유래	언덕	유적
석탑	도심	흔적	경관	사찰	장관
허브	인파	외곽	문인	애호가	벌이다
상징성	무더위	지리적	붐비다	굳건히	거스르다
수려하다	자자하다	평탄하다	구상하다	유지하다	고스란히
논의하다	선사하다	사로잡다	평야 지대	즐길 거리	유서가 깊다

확인하기

▶ 다음 빈칸에 알맞은 어휘를 넣어 문장을 완성하시오.

• 대구는 다양한 문화 (   )을/를 가지고 있는 도시로 잘 알려져 있다.

• 야시장은 먹거리와 (   )이/가 가득하여 늦게까지 많은 사람들로 붐빈다.

• 서문시장이 위치한 도심을 벗어나 (   )(으)로 나오면 유서 깊은 사찰이 나온다.

• 이곳은 화가들이 그림을 그리고, 소설가들이 작품을 (   ) 곳이다.

• 이 공간은 대구의 예술가들이 창작 활동을 할 수 있는 문화적 (   )의 역할을 했다.

• 다방 내부에는 옛 문인들의 흔적과 세월 속 잊혔던 장식품들이 (   ) 전시되어 있다.

알아두기

• **이인성(1912~1950)**: 1930년대 활동한 서양 화가로 근대 한국 미술사에서 높이 평가되고 있는 작가이다. 대표적인 작품으로는 <경주의 산곡에서, 1935>등이 있다.

경주의 산곡에서

• **고려**: 918년부터 1392년까지 존재한 국가로 불교 문화와 금속 활자 인쇄술 등이 발달한 시기이다.

• **신라**: 기원전 57년부터 935년까지 존재한 국가로 676년 한반도 최초로 모든 나라(고구려, 백제, 신라)를 통일했다. 불교와 화려한 예술 문화가 발전한 나라로 알려져 있다.

> ### V-기 십상이다.
> 어떤 행동이 나타나기 쉽거나 어떤 상황이 될 가능성이 높다는 의미이다.

✅ **'-기 쉽다'와 비슷한 표현으로 사용된다.**

- 대구는 분지라서 뜨거운 공기가 잘 빠져나가지 않아서 기온이 높아지**기 십상이야.**
- 서문시장은 한국에서 가장 큰 전통 시장 중 하나이기 때문에 물건을 사다가 길을 잃**기 십상이다.**
- 시대에 따라 많은 명소가 사라지**기 십상이지만** '다방 문화'를 대표하는 이곳은 단순한 커피숍 이상의 의미로 아직까지도 굳건히 그 자리를 지키고 있다.

확인하기

▶ 다음을 연결하고 <보기>와 같이 문장을 완성하십시오.

[보기]	찬 음식을 많이 먹다 ●	● 빠르게 매진되다
(1)	계단을 뛰어다니다 ●	● 배탈이 나다
(2)	유명 가수의 공연 ●	● 넘어지다
(3)	늦게까지 게임하다 ●	● 나쁜 성적을 받다
(4)	평소에 공부하지 않다 ●	● 다음 날 지각하다

[보기]　　찬 음식을 많이 먹으면 배탈이 나**기 십상이다.**

(1) _____ .

(2) _____ .

(3) _____ .

(4) _____ .

※ 다음은 대구에 대한 글입니다. 글을 읽고 질문에 답하십시오.

다채로운 매력의 도시, 대구

대구는 예로부터 다양한 문화와 역사가 어우러진 도시로 그 뿌리가 깊다. 대구의 역사적인 유래는 신라 시대까지 거슬러 올라가며 당시에는 '달구화(達句火)'라는 이름으로 불렸다. '달구화'는 '큰 언덕'이라는 뜻으로 대구가 지리적으로 넓고 평탄한 평야 지대에 있음을 의미한다. 대구는 이후 고려 시대에 들어서면서 '대구(大邱)'라는 이름을 얻었고 조선 시대를 거치며 현재의 이름을 유지하게 되었다. 대구는 신라의 수도 경주와 가까워 신라 문화의 영향을 많이 받았고 그로 인해 아직도 대구에는 신라 시대의 유물과 유적들이 많이 발견되고 있다.

서문시장

이러한 유물과 유적을 관람할 수 있는 여러 전시 시설과 다양한 문화 행사가 이어지고 있어 매년 많은 방문객이 대구를 찾는다. 대표적으로 매년 가을에 열리는 '대구 국제 오페라 축제'는

동화사

세계 각국의 오페라 단체들이 참여하는 국제적인 행사로 오페라 애호가들뿐만 아니라 일반 대중에게도 큰 인기를 끌고 있다. 다양한 작품과 공연이 이어지면서 대구가 한국의 오페라 도시로 자리매김하게 되었다. 또한, '대구 치맥 페스티벌'은 치킨과 맥주를 즐기는 축제로 수많은 인파가 몰려 대구의 젊고 활기찬 분위기 속에서 함께 축제를 즐긴다. 이 축제는 여름철 무더위를 식혀줄 뿐만 아니라 다양한 이벤트와 공연으로 참가자들에게 잊지 못할 추억을 선물한다.

조선 시대부터 소문이 자자했던 서문시장과 동화사

대구는 다양한 문화 유산을 가지고 있는 도시로 잘 알려져 있다. 특히, 서문시장은 조선 시대에 시작된 전통 시장으로 오늘날에도 여전히 활발하게 운영되고 있으며 지역 주민들과 관광객들이 즐겨 찾는 곳이다. 서문시장은 한국에서 가장 큰 전통 시장 중 하나이기 때문에 물건을 사다가 길을 잃기 십상이다. 다양한 물건들이 넘쳐나는 이곳은 특히 야시장은 먹거리와 즐길 거리가 가득하여 늦은 시간까지 많은 사람들로 붐빈다. 이곳에서 파는 여러 음식 중 대구를 대표하는 음식인 '막창'과 '납작 만두'도 많은 이들의 입맛을 사로잡고 있다.

서문시장이 위치한 도심을 벗어나 외곽으로 나오면 유서 깊은 사찰들이 계절마다 아름다운 풍경들을 보여주며 관광객들을 맞이한다. 대표적으로 팔공산에 위치한 동화사는 신라 시대에 만들어진 사찰로 수려한 자연 경관과 조화를 이루고 있는 불교문화의 중심지이다. 동화사는 특히 봄철이면 벚꽃과 함께 어우러져 장관을 이루며 많은 이들이 찾는 명소이다. 동화사에는 대한민국의 보물로 지정된 석탑과 불상이 있어 불교문화와 역사를 체험할 수 있는 좋은 여행지이다.

문화와 역사의 산실, 미도다방

한국 사람들의 공통된 취미이자 여가 생활 중 하나인 카페 문화는 단순한 커피나 차를 마시는 공간을 넘어 다채로운 문화의 장으로 한국인에게 사랑받고 있다. 대구의 미도다방 역시 차를 마시는 공간이 아닌 하나의 문화를 만들어 가고 있는 공간이라고 할 수 있다.

1964년에 문을 연 대구의 미도다방은 '아름다운 도시' 속의 다방이라는 뜻을 가지고 1970·1980년대 대구의 문화와 예술의 숨심지로 자리 잡았다. 미도다방은 당시 젊은이들과 예술가들이 모여 다양한 이야기를 나누고 음악을 즐기며 문화를 경험하던 특별한 장소였다. 시대에 따라 많은 명소가 사라지기 십상이지만 '다방문화'를 대표하는 이곳은 단순한 커피숍 이상의 의미로 아직도 굳건히 그 자리를 지키고 있다.

1982년부터 정인숙 대표가 운영해 온 이 다방은 대구와 경북 지역의 정치인, 문인, 화가들이 자주 찾는 명소로 자리 잡았다. 이인성 화백이 그림을 그리고 소설가 김원일이 작품을 구상하던 곳이며 전상열 시인은 미도다방을 배경으로 '미도다향'이라는 시를 발표했으며 지금도 벽에

미도다방

는 옛 문인들의 흔적이 남아 있다. 또한 대학생들과 사회 운동가들이 모여 민주화 운동과 정치적 토론을 하는 대화의 중심지였다. 많은 시민과 학생들이 이곳에서 토론을 벌이며 사회적 논란에 대해 논의했고 민주화 운동이 있었을 당시에 큰 역할을 했다. 이뿐만 아니라 수많은 대구 시민의 일상 속 특

별한 추억들이 쌓여 지금은 대구를 대표하는 문화 공간이 되었다.

미도다방은 단순한 커피숍 이상의 의미이며 대구의 문화적 정체성을 형성하는 데 큰 역할을 했다. 이러한 역사적 상징성을 가지고 미도다방은 새로운 세대에게 그 가치를 전하고 있다.

확인하기

1. 대구가 '달구화'라는 이름을 갖게 된 이유는 무엇입니까?

→

2. 서문시장이 시작된 시기와 현재 역할을 고르십시오. [   ]

① 현대, 산업 단지

② 신라 시대, 관광지

③ 조선 시대, 전통 시장

④ 고려 시대, 교육 기관

3. 1970~80년대 미도다방이 대구에서 어떤 역할을 했는지 고르십시오. [   ]

① 종교 활동의 중심지

② 경제 활동의 중심지

③ 문화와 예술의 중심지

④ 교육과 학문의 중심지

4. 미도다방이 대구 시민들에게 인기를 끄는 이유는 무엇입니까?

→

※ 다음은 기후에 대한 대화입니다. 대화문을 읽고 빈칸을 채워 완성하십시오.

에릭: 와, 대구의 여름은 정말 덥다! 이렇게 더운 날씨는 처음이야.

지후: 맞아. 대구는 '대프리카'라고 불릴 정도로 여름이 엄청 더워. 그래서 여름에는 에어컨 없이 살기 힘들 정도야.

호아: 대프리카라고? 정말 재미있는 표현이다. 왜 그렇게 부르는 거야?

지후: 대구의 여름 기온이 아프리카처럼 높아서 그렇게 부르기 시작했어. 특히 대구는 분지라서 뜨거운 공기가 잘 빠져나가지 않아서 기온이 높아지기 십상이야.

올가: 아, 그래서 더 덥게 느껴지는구나. 그렇다면 대구 사람들은 이렇게 더운 여름을 어떻게 보내?

지후: 밖은 너무 더우니까 시원한 카페나 쇼핑몰, 영화관 같은 곳이 인기야. 그리고 밤이 되면 야외로 나와서 시원한 바람을 쐬기도 해.

올가: 그렇구나. 우리나라에도 날씨로 유명한 도시가 있어.

지후: 그래? 어떤 도시야?

올가: _____

_____

_____

지후: 와, 정말 그 도시에서만 경험할 수 있는 날씨구나.

에릭: _____

_____

_____

호아: 우리 나라에도 날씨가 너무 추워서 유명한 도시가 있어. _____

_____

_____

띠띠: 그렇게 춥다니 나는 늘 따뜻한 곳에서 살아서 그 도시에 가면 어떤 느낌이 들지 궁금해. 우리 나라는 더운 기후이지만 이곳은 특별해. _____

_____

_____

※ 여러분 나라의 기후에 대해 간략하게 써 보십시오.

나라/지역:

계절 및 기후:

날씨와 관련된 일화:

※ 여러분 나라의 기후를 설명하는 글을 쓰십시오.

....

....

....

....

....

....

....

유익한 관용 표현

가: 아직 회사예요? 밤 11시가 다 되어 가는데 왜 퇴근을 못 했어요?
나: 새 프로젝트 때문에 팀원 모두가 **머리를 맞대고** 있는데 어떻게 혼자 퇴근하겠어요.

머리를 맞대다: 어떤 문제를 해결하기 위해 방안을 함께 고민하거나 여러 명이 하나의 결정을
내려야 하는 상황에서 함께 도와 의견을 제시하는 모습을 말한다.

'머리를 맞대다'를 사용하여 대화문을 만드십시오.

가: _____

나: _____

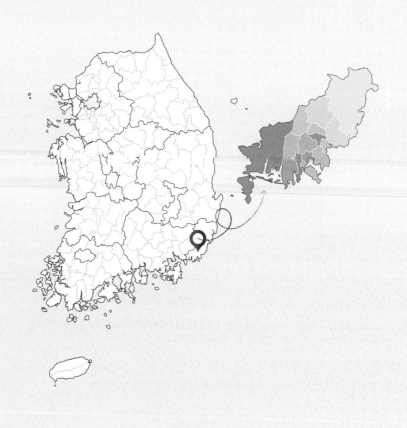

다양한 문화의 용광로

부산광역시

부산광역시

들어가기

※ 여러분은 부산에서 사용하는 사투리를 들어본 적이 있습니까? 어떤 사투리입니까?

도시 개요

시청 소재지	연제구 중앙대로 1001(연산동)
주요 행정구역	해운대구, 수영구, 금정구, 사하구 등
면적	771.3㎢ (서울 면적의 약 1.2배)
인구	3,334,796명 2024년 기준 (출처: 국가통계포털)
인구밀도	4,323명/㎢ 2024년 기준 (출처: 국가통계포털)
1인당 GRDP	3,446만 원 2022년 기준 (출처: 국가통계포털)
상징	시화: 동백꽃 시목: 동백나무 시조: 갈매기

목표 어휘

항만	해상	교역	전투	물류	벽화
방면	임시	운영	거처	애환	경쟁
피난	배급자	이민자	산비탈	중심지	재조명
자부심	주거지	전망대	생필품	일구다	유망주
정착하다	단순하다	발발하다	역동적	팽창하다	정부 청사
거래되다	마련하다	탄생하다	다문화적	생활 거처	재탄생하다

확인하기

▶ 다음 빈칸에 알맞은 어휘를 넣어 문장을 완성하시오.

• 북쪽에서 남쪽으로 내려오는 북한군들과 이를 막으려는 한국군의 (　　　　　)이/가 계속되었다.

• 오랜 시간 동안 동북아시아의 해상 교통과 무역의 (　　　　　) 역할을 해왔다.

• 수많은 피난민들이 부산으로 몰려들었고 도시는 급속히 (　　　　　) 변화했다.

• 1950년, 한국 전쟁이 (　　　　　) 부산은 대한민국의 임시 수도로 지정되었다.

• 산복도로는 단순한 주거지를 넘어 부산 시민들의 (　　　　　)와/과 희망이 깃든 곳이다.

• 당시 피난민들이 필요로 했던 다양한 물건들이 (　　　　　) 전쟁 후에도 부산의 상업 중심지로서 역할을 지속해 왔다.

알아두기

• **컨테이너 항만**: 컨테이너를 내리고 싣는 것을 할 수 있는 항구를 뜻하는 말로 대규모 해상 물류 처리가 가능한 시설이다.

• **한국 전쟁**: 1950년부터 1953년까지 이어진 한국과 북한 간의 전쟁을 뜻하는 말로 6.25 전쟁이라고도 부른다.

N은/는 물론이거니와

앞부분의 내용을 인정하면서 뒤의 다른 사실을 추가할 때 사용한다.

☑ **뉴스나 격식적인 상황에서 많이 사용되며 글을 쓸 때 더 자주 사용한다.**

☑ **앞 절, 뒤 절의 주어가 같아야 하며 뒤 절에는 명령문, 청유문, 의문문은 올 수 없다.**

- 부산의 항만은 단순한 물류 중심지 역할을 하는 것**은 물론이거니와** 이곳에 모여든 다양한 사람들과 문화가 융합되는 공간을 제공하기도 한다.
- 영화 상영**은 물론이거니와** 감독, 배우와의 만남, 영화 워크숍 등 다양한 프로그램이 마련되며 이 기간 동안 부산은 전 세계 영화 팬들의 축제의 장이 된다.
- 이번 사고로 재산 피해**는 물론이거니와** 많은 사람들이 부상을 입었다.

확인하기

▶ 다음을 연결하고 <보기>와 같이 문장을 완성하십시오.

[보기]	맛이 좋다	●		●	성능도 뛰어나다
(1)	한국어를 잘하다	●		●	서비스도 좋다
(2)	디자인이 예쁘다	●		●	일본어도 잘하다
(3)	영화가 재미있다	●		●	운동도 잘하다
(4)	공부를 잘하다	●		●	배경 음악도 멋지다

[보기] 그 식당은 맛**은 물론이거니와** 서비스도 정말 좋아요.

(1) _____ .

(2) _____ .

(3) _____ .

(4) _____ .

※ 다음은 부산에 대한 글입니다. 글을 읽고 질문에 답하십시오.

다양한 문화의 용광로, 부산

부산은 한국의 대표적인 항만 도시로, 오랜 시간 동안 동북아시아의 해상 교통과 무역의 중심지 역할을 해왔다. 부산항은 조선 시대부터 일본과의 교역이 활발히 이루어졌던 곳으로 한국을 외부 세계와 연결하는 중요한 관문이었다. 오늘날 부산항은 세계적인 규모의 컨테이너 항만으로 성장하여 글로벌 물류 허브의 역할을 다하고 있다.

부산의 항만은 단순한 물류 중심지 역할을 하는 것은 물론이거니와 이곳에 모여든 다양한 사람들과 문화가 융합되는 공간을 제공하기도 한다. 항구 주변에는 여러 나라에서 온 이민자들이 정착하여, 다양한 문화가 공존하는 특색 있는 지역 사회를 형성하기 마련이다. 이러한 다문화적 특성은 부산의 음식, 건축, 축제 등 여러 방면에 반영되어 있으며 이것이 부산을 더욱 독특하고 매력적인 도시로 만든다.

임시 수도, 부산

1950년, 한국 전쟁이 시작된 지 얼마 지나지 않아 서울이 북한군에게 점령되고 나머지 지역들도 북한군의 손에 넘어가기 시작했다. 북쪽에서 남쪽으로 내려오는 북한군들과 이를 막으려는 한국군의 전투가 계속되었고 이 과정에서 대한민국 정부는 부산으로 이전하여 국가 운영을 지속할 수밖에 없었다. 이 시기에 수많은 피난민이 부산으로 몰려들었고 도시는 급속히 팽창하

부산 감천문화마을

며 변화했다. 임시 수도로서의 부산은 전쟁 중에도 정부의 기능을 유지하도록 도왔을 뿐만 아니라 많은 국민들을 전쟁으로부터 보호하는 중요한 곳이었다. 이러한 역사적 배경은 부산 곳곳에서 찾아볼 수 있다

당시의 정부 청사였던 건물들은 현재 부산 임시 수도 기념관으로 보존되어 그 시기의 역사를 기록하고 전시하고 있다. 또한 부산으로 피난을 온 많은 사람들은 생활 거처를 마련하기 위해 부산의 언덕과 산비탈에 작은 집들을 짓고 정착하게 되었는데 이에 따라 형성된 달동네와 산복도로들은 현재까지도 부산의 중요한 역사적 유산으로 남아 있다.

이렇듯 산복도로는 단순한 주거지를 넘어 부산 시민들의 애환과 희망이 깃든 곳이다. 최근에는 이

곳을 재조명하여 관광지로 개발하려는 움직임도 활발히 이루어지고 있다. 산복도로를 따라 형성된 벽화 마을이나 전망대에서는 부산 시내와 바다를 한눈에 내려다볼 수 있고 그 시절 노력으로 삶을 일군 피난민들의 생활 현장을 목격할 수 있다.

전쟁 중 부산으로 피난 온 사람들이 생필품을 구하고 생계를 유지하기 위해 자연스럽게 시장을 형성했고 이렇게 탄생한 곳이 바로 부산의 국제 시장이다. 국제 시장은 전쟁의 혼란 속에서도 사람들의 생활이 이어질 수 있게 한 중요한 상업 공간이었다. 이곳에서는 당시 피난민들이 필요로 했던 다양한 물건들이 거래되었으며 전쟁 후에도 부산의 상업 중심지로서 역할을 지속해 왔다.

현재 국제 시장은 부산의 대표적인 전통 시장으로 자리 잡고 있으며 단순한 쇼핑 공간이 아닌 부산의 역동적인 역사를 체험할 수 있는 장소로서 많은 이들의 발길을 끌고 있다.

국제 영화의 중심지, 부산 국제 영화제

부산은 매년 가을 부산 국제 영화제(BIFF)를 통해 전 세계의 영화인들과 영화 팬들을 맞이한다. 1996년에 시작된 부산 국제 영화제는 아시아를 대표하는 영화제로 자리 잡았으며 한국 영화뿐만 아니라 세계 각국의 다양한 영화들이 소개되는 중요한 플랫폼이 되었다. 영화제가 열리는 동안 부산은 영화와 예술이 어우러진 도시로 재탄생하여 해운대와 남포동 일대는 세계 각지에서 모여든 영화인들로 붐비게 된다.

국제 시장

부산 국제 영화제는 단순한 영화제를 넘어 부산의 문화적 자부심을 상징하는 중요한 행사로 자리 잡았다. 영화 상영은 물론이거니와 감독, 배우와의 만남, 영화 워크숍 등 다양한 프로그램이 진행되고 이 기간에 부산 곳곳은 전 세계 영화 팬들 축제의 장이 된다. 특히 해운대 해변을 배경으로 열리는 야외 영화 상영은 부산 국제 영

부산 국제 영화제

화제만의 독특한 매력이 있는 프로그램이며 자연이 어우러져 영화를 감상할 수 있는 이색적인 경험으로 많은 영화 팬들의 사랑을 받고 있다.

부산 국제 영화제는 신인 감독들이 자신들의 작품을 선보일 기회를 제공하는데 이들을 위한 경쟁 부문인 '뉴 커런츠(New Currents)'는 아시아 영화계의 유망주를 발굴하는 중요한 무대로 자리매김 했다. 또한 부산 프로젝트 마켓과 같은 산업 프로그램은 영화 제작자, 투자자와 배급자 간의 관계를 형성하여 국제 영화 산업의 성장을 도모하고 있다.

1. 부산의 산복도로와 달동네가 생긴 원인은 무엇입니까?

→

2. 다음 중 부산항이 주로 수행한 역할을 고르십시오. [   ]

① 대한민국의 행정 수도 역할

② 전통적인 농업 중심지 역할

③ 글로벌 물류 허브로서의 역할

④ 한국 문화의 기초가 되는 역사적 유적지 역할

3. 부산의 국제 시장이 형성된 주요 원인을 고르십시오. [   ]

① 해양 교통의 발달을 위해

② 부산 국제 영화제 개최로 인해

③ 임시 수도로서의 기능 유지를 위해

④ 피난민들의 생계를 이어나가기 위해

4. 부산 국제 영화제에는 어떤 프로그램들이 있습니까?

→

※ 다음은 스포츠에 대한 대화입니다. 대화문을 읽고 빈칸을 채워 완성하십시오.

올가: 와, 여기 부산 사직야구장 분위기는 정말 뜨겁네요! 이렇게 열정적인 응원은 처음이에요. 정말 큰 노래방 같아요.

시연: 맞아요. 여기 응원 열기는 정말 대단하죠. 특히 부산 야구팬들의 열정은 한국에서 최고로 꼽힐 만큼 유명해요.

관객: 아 주라! 아 주라!

에릭: 아 주라? 이게 무슨 뜻이에요?

부산 사직야구장 응원 모습

시연: 아, 아이에게 공을 주라는 뜻인데 관객이 파울 볼이나 홈런 볼을 잡았을 때 어린아이에게 공을 양보하라고 다 같이 소리치는 거예요.

띠띠: 하하하 그런 뜻이었군요. 모든 사람이 같이 소리치는 게 너무 웃겨요.

올가: 그런데 우리 주변에 앉은 사람들이 똑같이 무언가를 머리에 쓰고 있는데 혹시 이거 비닐 봉지예요?

시연: 네, 맞아요. 야구장을 이용할 때 나오는 쓰레기를 바닥에 버리지 않도록 비닐 봉지를 나눠주는데 관객들은 이걸 리본처럼 만들이시 머리에 쓰고 응원하는 데 사용해요.

에릭: 이런 한국의 응원 문화를 보니까 정말 신기해요. 우리 나라에서도 야구는 인기 있는 스포츠지만 이런 문화는 없거든요.

사토: 맞아요. 한국의 야구장은 정말 재미있는 것들이 가득하네요. 여기에 오니까 제 고향에서 자주 보던 스포츠 경기가 생각나네요.

시연: 그래요? 어떤 스포츠인가요?

사토: _____
_____

_____

시연: 부산 팬들과 아주 비슷하네요. _____

에릭: 우리 나라에서도 사람들에게 아주 인기 있는 스포츠가 있어요. _____

_____

띠띠: 그 스포츠와 마찬가지로 우리 나라에서도 사람들이 좋아하는 스포츠가 있어요. _____

_____

_____

※ 여러분 나라에서 가장 인기 있는 스포츠에 대해 간략하게 써 보십시오.

나라/지역:

스포츠 종목:

스포츠와 관련된 일화:

※ 여러분 나라에서 가장 인기 있는 스포츠를 설명하는 글을 쓰십시오.

유익한 관용 표현

가: 오는 길에 휴대폰이 고장 나서 길을 헤맸다면서요?
나: 네, 정말 막막했는데 주변에 계신 분들이 **발 벗고 나서서** 도와주신 덕분에 금방 찾았어요.

발 벗고 나서다: 나의 일이 아니지만 나의 일인 것처럼 적극적으로 남을 도와줄 때 사용하는 말
이다.

'발 벗고 나서다'를 사용하여 대화문을 만드십시오.

가: _____

나: _____

6단원
제주

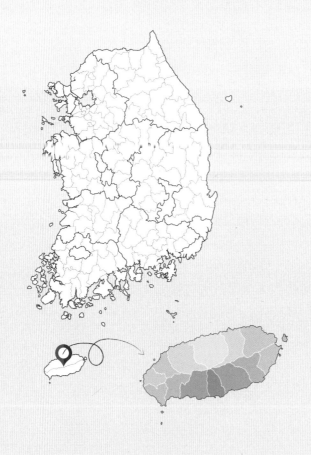

자연과 문화의 보석상자
제주특별자치도

제주특별자치도

※ 여러분 나라에 내외국인 모두에게 사랑을 받는 관광 도시가 있습니까? 그곳은 어디입니까?

도시 개요

도청 소재지	제주시 문연로 6 (연동)		
주요 행정구역	제주시, 서귀포시		
면적	1,850.3㎢ (서울 면적의 약 3배)		
인구	672,563명 2024년 기준 (출처:국가통계포털)		
인구밀도	363.60명/㎢ 2024년 기준 (출처:국가통계포털)		
1인당 GRDP	3,599만 원 2022년 기준 (출처: 국가통계포털)		
상징	도화: 참꽃	도목: 녹나무	도조: 제주큰오색딱따구리

목표 어휘

탈	구멍	설화	문헌	목축	고을
국호	비중	무속	미신	토속	절기
풍습	임무	수렵	금기	숭배	기생
사글세	남국적	신생대	화구호	해안선	해식애
최고위	독립적	외지인	윗도리	드물다	세우다
상호작용	능숙하다	고립되다	보고하다	유목 민족	

확인하기

▶ 다음 빈칸에 알맞은 어휘를 넣어 문장을 완성하시오.

· 세 신이 세 개의 구멍에서 나와 벽랑국에서 온 세 공주와 각각 결혼하여 제주 땅에 나라를 (   )
고 한다.

· 제주도는 아름다운 자연과 타 지역에 비해 따뜻한 기후, (   )인 식물과 문화가 있는 유명한 관
광지이다.

· 신들은 사람들이 (   )을/를 어길 경우 질병이나 재해로 벌을 주고, 사람들이 사죄하고 제사를
지내면 화를 풀고 복을 주기도 한다.

· 산 정상에는 백록담이라는 (   )이/가 있고 그 주변에는 수백 개의 기생 화산들이 형성되어 있다.

· 제주도에는 24(   )의 하나인 대한으로부터 5일째 되는 날부터 입춘 전 3일까지 신구간이라는
이사 풍습이 있다.

· (   )의 유입으로 인해 점차 희미해져 가고 있으나 제주도에는 이삿날 수요가 높은 가전제품 등
을 할인하는 '신구간 세일'이 여전히 남아 있다.

알아두기

· **송당계 신**: 제주도의 여러 마을의 수호신들로 송당 마을에서 파생되었다.
· **일뢧당**: 매달 7일, 17일, 27일에 제사를 지내는 당(신을 모시는 집)을 가리킨다. [일뤱땅]이라고 발
음한다.
· **여드렛당**: 매달 8일, 18일, 28일에 제사를 지내는 당을 가리킨다. [여드렌땅]이라고 발음한다.
· **옥황상제**: 하늘의 신으로 모든 신의 우두머리로 여겨진다. 그리스 신화의 제우스와 같은 역할을
한다.
· **하르방**: 할아버지를 뜻하는 제주도 사투리이다.
· **할망**: 할머니를 뜻하는 제주도 사투리이다.

> · N은/는 N을/를 보여주다(나타내다)   · N은/는 A/V-(으)ㅁ을 보여주다(나타내다)
>
> 앞에 있는 명사를 보고 뒤의 내용을 알 수 있다는 표현을 할 때 사용한다.

⊘ **문어체에서 주로 쓴다.**

⊘ **주관적인 생각보다는 객관적으로 상황이나 상태를 설명할 때 쓰인다.**

- 옛 제주도 사람들에 대한 기록**은** 제주도가 가진 독특한 문화적 정체성과 역사적 배경**을 잘 보여준다.**
- 삼다도라는 명칭**은** 제주도의 독특한 자연환경과 문화적 특성**을 잘 나타낸다.**
- 삼무도의 유래**는** 제주도가 전통적으로 고립된 섬이었기 때문에 외부인의 접근이 적고, 공동체 내에서 서로를 잘 돌보는 문화가 자리 잡고 있었**음을 보여준다.**

▶ 다음을 연결하고 <보기>와 같이 문장을 완성하십시오.

[보기]	좋은 시험 성적 ·	· 이상 기후
(1)	기록적인 더위 ·	· 그가 운동을 열심히 하다
(2)	한국의 전통 정원 ·	· 공부를 열심히 하다
(3)	팔에 생긴 근육 ·	· 그에게 좋은 일이 있다
(4)	그의 미소 ·	· 한국인이 자연을 중요시하다

[보기]   좋은 시험 성적**은** 공부를 열심히 했음**을 보여준다.**

(1) _____ .

(2) _____ .

(3) _____ .

(4) _____ .

※ 다음은 제주에 대한 글입니다. 글을 읽고 질문에 답하십시오.

자연과 문화의 보석상자, 제주

설화에 따르면, '고을나, 양을나, 부을나'라는 세 신이 세 개의 구멍에서 나와 벽랑국에서 온 세 공주와 각각 결혼하여 제주 땅에 나라를 세웠다고 한다. 이 구멍은 현재 제주시에 있는 삼성혈(三姓穴)로, 제주도의 중요한 문화유산 중 하나이다. 문헌에 따르면 제주도 사람들은 언어와 풍습이 한반도 중앙 지역과 달랐으며, 키가 작고 몸집이 작아 고대 만주와 몽골 지역에서 살았던 유목민족인 선비족과 비슷했다고 기록되어 있다. 이들은 주로 윗도리에 가죽으로 만든 옷을 걸치고 생활했으며, 소와 돼지를 기르는 목축에 능숙했다고 한다. 이러한 기록은 제주도가 가진 독특한 문화적 정체성과 역사적 배경을 잘 보여준다.

삼성혈

제주도는 시대에 따라 그 이름이 여러 차례 바뀌었다. 신라로부터 '탐라'라는 국호를 받았다가 고려 시대가 되면서 '제주'라는 이름으로 바뀌었다. 이후 명칭도 몇 번 더 바뀌었지만, 결국 1374년 고려 공민왕 시절 제주라는 이름이 다시 굳어져 지금까지 이어지게 되었다.

자연의 품 안에 안긴 제주

제주도 한가운데에는 한라산이라는 큰 산이 있는데 신생대에 발생한 화산 폭발로 인해 생겼다. 산 정상에는 백록담이라는 화구호가 있고 그 주변에는 수백 개의 기생 화산들이 형성되어 있다. 제주도에는 용암으로 만들어진 동굴도 많이 있는데, 대표적으로 만장굴을 비롯하여 김녕굴, 협재굴, 쌍룡굴 등이 있다. 해안선은 비교적 단순하지만, 남부 해안에는 해식애가 눈에 띈다.

제주도는 아름다운 자연과 타 지역에 비해 따뜻한 기후, 남국적인 식물과 문화가 있는 유명한 관광지이다. 매년 천만 명 이상의 관광객이 찾는 만큼 국내외에서 관광지로서 인정받고 있다. 또한, '화산박물관'이라고 불려도 될 만큼 다양하고 독특한 화산 지형을 가지고 있다. 제주도에는 368개의 오름과 160개가 넘는 용암동굴이 있는데 이렇게 많은 오름과 동굴이 있는 곳은 세계적으로도 드물며, 자연유산으로도 인정받고 있다.

또한 제주도는 한국인들에게 '삼다도(三多島)'라고 널리 알려져 있는데 이 이름은 '바람, 여자, 돌이 많다'는 의미이다. 이는 제주도의 독특한 자연환경과 문화적 특성을 잘 나타낸다. 덧붙여, 제주도는

'대문, 거지, 도둑이 없다'는 의미에서 '삼무도(三無島)'로도 유명하다. 이는 제주도가 전통적으로 고립된 섬이었기 때문에 외부인의 접근이 적고, 공동체 내에서 서로를 잘 돌보는 문화가 자리 잡고 있었음을 보여준다.

신들의 섬, 제주

제주도에는 약 1만 8천 명의 신들이 존재한다고 전해진다. 고을신, 마을신, 집안신 등 그 종류는 다양하며, 여전히 제주도민들의 일상에 큰 영향을 미치고 있다. 신들은 성격이 가지각색인데, 예를 들어 한라산에서 유래한 신들은 주로 수렵신이나 바람신의 특성을 가지고 있고, 마을을 수호하는 송당계 신들은 농업과 관련이 있다. 육아와 관련된 일뤳당계 신들은 돼지를 숭배하며, 처녀나 여성과 관련된 여드렛당계 신들은 뱀 숭배의 영향을 보인다. 제주의 신들은 옥황상제를 최고위 신으로 두면서도 각자 독립적인 성격을 가지고 있다. 신들은 사람들이 금기를 어길 경우 질병이나 재해로 벌을 주고, 사람들이 사죄하고 제사를 지내면 화를 풀고 복을 주기도 한다. 이러한 상호작용은 제주도 외 지역의 신앙과 유사한 면이 있다.

제주시 조천읍 주변 바다

제주도에는 약 수백 개의 신당이 남아 있으며, 이들 중 인간 형태의 신의 비중이 더 높다. 남신 '하르방'보다는 여신 '할망'의 수가 배 이상 많은데, 이는 해녀들처럼 바다에서 생계를 책임지는 여성들의 역할을 반영하는 것으로 보인다. 현재 제주도민들 사이에서는 여전히 무속을 미신보다는 전통문화의 일부인 토속 신앙으로 인식하고 있는 이들이 많다. 제주에서는 많은 신들이

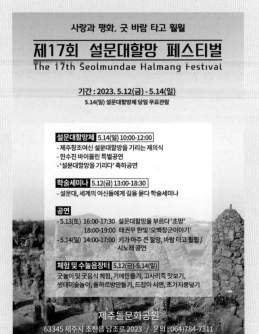

설문대할망 페스티벌

집안에서 함께 산다고 믿었고, 지금까지도 가정에서 신을 모시는 경우가 많다고 한다.

제주도에는 24절기의 하나인 대한으로부터 5일째 되는 날부터 입춘 전 3일까지 신구간이라는 이

사 풍습이 있다. 이는 '신구세관교승기간(新舊歲官交承期間)'의 줄임말인데, 여기에서 관(官)은 신(神)을 가리킨다. 이 말을 풀어서 설명하자면 제주도의 신들이 서로의 임무를 바꾸는 기간이라는 것이다. 신들은 한 해의 일을 최고위 신인 옥황상제에게 보고하고, 새 임무를 받기 위해 잠시 자리를 비운다고 한다. 신들이 없는 이 기간 이사를 하거나 집을 수리해도 동티(신으로 인한 탈)가 나지 않는다는 믿음이 있다. 제주도에서 집을 빌릴 때 한 달에 한 번 집세를 내는 타 지역과 달리 일 년 집세를 한꺼번에 내는 사글세*도 신구간으로 인한 관습이다. 외지인의 유입으로 인해 점차 희미해져 가고 있으나 제주도에는 이삿날 수요가 높은 가전제품 등을 할인하는 '신구간 세일'이 여전히 남아 있다.

* 사글세: 제주도에서는 사전적 의미와는 다르게 일 년 치 월세를 한꺼번에 내는 것을 사글세라고 한다.

확인하기

1. 제주도가 삼다도라고도 불리는 이유는 무엇입니까?

→

2. 제주도의 자연환경의 특징이 <u>아닌</u> 것을 고르십시오. [　　]

① 용암으로 만들어진 동굴이 많다.

② 제주도는 기후가 따뜻한 편이다.

③ 제주도는 화산 지형으로 이루어져 있다.

④ 한라산은 고려 시대의 폭발로 만들어졌다.

3. 제주도의 신의 특징으로 맞는 것을 고르십시오. [　　]

① 남신이 여신보다 많다.

② 인간 형태의 신이 많다.

③ 제주도 사람들은 신에 대해 무관심하다.

④ 한라산에서 유래한 신은 농신의 성격을 지니고 있다.

4. 제주도의 신이 서로 임무를 교대하는 기간을 무엇이라고 합니까?

→

※ 다음은 신화에 대한 대화입니다. 대화문을 읽고 빈칸을 채워 완성하십시오.

사토: 우와, 여기가 백록담이구나~ 정말 아름답다. 한라산을 오를 땐 정말 힘들었는데, 이 백록담을 보니 피로가 싹 날아가는 거 같아.

지후: 그렇지? 내가 등산을 좋아해서 이번 방학에 꼭 여길 와 보고 싶었거든. 오길 잘한 거 같아. 참, 이 백록담을 보니 예전에 책에서 봤던 옛날이야기가 생각나.

사토: 옛날이야기?

지후: 응, 아주 오랜 옛날 설문대할망이라는 여신이 있었는데 이 설문대할망이 제주도를 만들었다고 해. 이 설문대할망은 몸이 얼마나 큰지 직접 땅을 파서 이 한라산을 만들었다고 하더라고. 그리고 앉을 곳이 필요했던 설문대할망이 이 산을 움푹하게 만들어 자신의 의자로 썼다고 해.

사토: 하하, 그러고 보니 아까 갔던 삼성혈도 신이 태어난 구멍이라고 했지? 제주도에는 신이 참 많구나. 우리나라에도 신 이야기가 몇 가지 있어.

지후: 그래? 어떤 이야기가 있는데?

사토: ＿＿＿＿＿＿＿＿＿＿＿＿＿＿＿＿＿＿＿＿＿＿＿＿＿＿＿＿＿＿＿＿＿＿＿＿＿＿＿
＿＿＿

올가: ＿＿＿＿＿＿＿＿＿＿＿＿＿＿＿＿＿＿＿＿＿＿＿＿＿＿＿＿＿＿＿＿＿＿＿＿＿＿＿
＿＿＿

사토: ＿＿＿＿＿＿＿＿＿＿＿＿＿＿＿＿＿＿＿＿＿＿＿＿＿＿＿＿＿＿＿＿＿＿＿＿＿＿＿

띠띠: ＿＿＿＿＿＿＿＿＿＿＿＿＿＿＿＿＿＿＿＿＿＿＿＿＿＿＿＿＿＿＿＿＿＿＿＿＿＿＿

에릭: ＿＿＿＿＿＿＿＿＿＿＿＿＿＿＿＿＿＿＿＿＿＿＿＿＿＿＿＿＿＿＿＿＿＿＿＿＿＿＿
＿＿＿

지후: 오, 그렇구나. 재미있다. 서울로 돌아가면 도서관에 가서 나라별 신화에 대해 찾아봐야겠어.

※ 여러분 나라의 신화에 대해 간략하게 써 보십시오.

나라/지역:

신의 이름:

신과 관련된 일화:

※ 여러분 나라의 신화를 설명하는 글을 쓰십시오.

....

....

....

....

....

....

....

유익한 관용 표현

가: 어제 출근을 안 했던데, 무슨 일 있었나요?
나: 제주도에 갔다가 눈이 너무 많이 내려서 공항에 **발이 묶였어요**.

발이 묶이다: 어떤 문제로 인해 이동할 수 없거나 활동을 할 수 없음을 나타낸다.

'발이 묶이다'를 사용하여 대화문을 만드십시오.

가: _____

나: _____

모범답안

객관식을 제외한 답은 참고용임

1 세계인의 도시, **서울**

• 어휘 확인하기

1. 등지
2. 생산물
3. 식민지
4. 공존하는
5. 분단되었다
6. 생계

• 표현 확인하기

1. 그 배우는 얼굴이 예쁜 반면에 연기를 못한다
2. 한국은 물가가 비싼 반면에 살기가 매우 편하다
3. 나는 행동이 느린 반면에 동생은 빠르다
4. 요즘 수출은 증가한 반면에 수입은 감소했다

• 지식 쌓기 확인하기

1. 서울 암사동 등지에서 발견된 유적으로 알 수 있다.
2. 2
3. 4
4. 더 나은 직업과 교육 환경을 위해 서울로 몰려들었다.

2 경기도의 중심도시, **수원**

• 어휘 확인하기

1. 둘러싸고
2. 요충지
3. 추앙받고
4. 지시했다
5. 실명제
6. 형성된

• 표현 확인하기

1. 쇼핑몰을 비롯해서 공원, 영화관 등이 들어설 예정이다
2. 사장을 비롯해서 전 직원이 회의에 참석했다.
3. 아버지를 비롯해서 온 가족들이 여행을 좋아한다
4. 미국을 비롯한 많은 나라에서 범죄가 발생한다

• 지식 쌓기 확인하기

1. 정조가 수원화성과 신도시를 건설하여 오늘날 수원의 기틀을 마련했기 때문에.
2. 4
3. 4
4. 수원화성 건설로 인해 발전하게 된 우시장에서 풍부한 소고기 공급이 가능해지면서 자연스럽게 갈비가 발달했다. 이후 수원을 대표하는 음식이 되었다.

3 대한민국의 관문, **인천**

• 어휘 확인하기

1. 침략
2. 유입되면서
3. 관문
4. 조수 간만
5. 보존되어 있다
6. 토박이들

• 표현 확인하기

1. 요즘 마라탕이 대학생들 사이에서 유행한다고 본다
2. 메시지는 간단명료하게 보내는 것이 중요하다고 본다
3. 유명 가수의 은퇴는 사실이라고 본다
4. 서울의 강남은 집값이 비싸다고 본다

- 지식 쌓기 확인하기
  1. 19세기 말, 서구 열강들의 압력으로 문호를 개방하게 되었는데, 이때 인천으로 다양한 신문물이 유입되었기 때문에.
  2. 1
  3. 3
  4. 짜장면은 중국인 노동자들의 길거리 음식으로 생겼는데, 1905년 중국 식당 '공화춘'에서 이 음식을 '짜장면'이라는 이름으로 최초로 판매했다. 이를 기점으로 '공화춘'을 짜장면의 원조라고 본다.

4 과학 기술의 수도, **대전**

- 어휘 확인하기
  1. 천문대
  2. 선도
  3. 용이해졌다.
  4. 관측한
  5. 치유할
  6. 승격되었다

- 표현 확인하기
  1. 나는 언니로서 어린 동생을 돌봐야 한다
  2. 그 사람은 영화감독으로서 독특한 시각으로 영화를 만들었다
  3. 내 친구는 축구 선수로서 국제 무대에서 활동하고 있다
  4. 나는 자식으로서 부모님을 위해 당연히 해야 할 일을 할 것이다

- 지식 쌓기 확인하기
  1. 대전(大田)은 한자로 '큰 밭'이라는 뜻이다.
  2. 3
  3. 2
  4. 대덕연구단지는 1980년대 후반부터 1990년대

초반까지 한국의 정보통신산업과 전자산업의 기술력을 선도했다. 이후 바이오기술, 나노기술, 원자력기술, 항공우주기술 등 다양한 분야에서 첨단 기술을 연구하고 개발하는 많은 기업과 연구소가 입주해 한국의 과학 기술 거점으로 발전했다.

5 천년의 지혜를 품은 도시, **청주**

- 어휘 확인하기
  1. 위대한
  2. 등재됐다
  3. 엿볼
  4. 획기적
  5. 확산됐다
  6. 대량

- 표현 확인하기
  1. 가까운 곳에 갈 때 자전거를 타곤 한다
  2. 비가 오는 날이면 해물파전을 먹곤 한다
  3. 슬픈 영화를 볼 때마다 눈물을 흘리곤 한다
  4. 점심 식사를 하고 나서 커피를 마시곤 한다

- 지식 쌓기 확인하기
  1. 청주 전체 인구의 40% 이상이 교육 관련 종사자와 학생들일 정도로 교육이 청주의 사회와 경제에 미치는 영향은 매우 크며 현재에도 국립대학교가 무려 5개나 위치하고 있기 때문에 청주를 교육의 도시라고 부른다.
  2. 3
  3. 2
  4. 세계에서 가장 오래된 금속 활자본이기 때문에 유네스코 세계기록 유산으로 등재됐다.

6 자연과 레포츠의 만남, **춘천** ≫

• 어휘 확인하기

1. 해소할
2. 다채로운
3. 편성한다
4. 적합한
5. 유대감
6. 접근성

• 표현 확인하기

1. 값이 저렴한 데다가 서비스도 좋아서 손님이 많다
2. 노래를 잘하는 데다가 춤도 잘 춰서 인기가 있다
3. 머리가 좋은 데다가 공부도 열심히 해서 1등을 했다
4. 소극적인 데다가 내성적이라서 친구가 없다

• 지식 쌓기 확인하기

1. 자연의 아름다움과 다양한 레포츠를 즐길 수 있고 서울에서의 접근성이 매우 좋기 때문에 한국의 주요 관광지가 됐다.
2. 4
3. 1
4. 춘천은 아름다운 자연경관과 다양한 레포츠, 서울과의 접근성, 다양한 숙박시설 때문에 인기가 있다.

 7 햇살 가득한 문화 도시, **강릉**

• 어휘 확인하기

1. 친숙하게
2. 만끽할 수 있다
3. 안녕, 풍요
4. 지정된

5. 고즈넉한
6. 신앙

• 표현 확인하기

1. 느끼다시피 물가가 많이 올랐습니다
2. 소개했다시피 설악산은 단풍으로 유명합니다
3. 쓰여 있다시피 이번 달 매출이 하락했습니다
4. 알려드렸다시피 내일부터 행사가 시작됩니다

• 지식 쌓기 확인하기

1. 매년 음력 5월에 열리며 단오제의 대표적인 행사로는 강릉 향교에서 펼쳐지는 '단오굿'이 있다.
2. 3
3. 4
4. 까마귀처럼 검은 대나무가 자라는 곳이라서 까마귀 오(烏)자를 써서 오죽헌이라는 이름 지었다.

 8 전통과 현대를 비비나, **전주**

• 어휘 확인하기

1. 인지도
2. 흠
3. 어우러진
4. 자극적
5. 곧
6. 원형

• 표현 확인하기

1. 전주는 최고의 관광지로 꼽힌다
2. 나는 여자 친구를 나의 멘토로 꼽는다
3. 전문가들은 이 기술을 혁신적인 발명으로 꼽는다
4. 나는 이 그림을 전시회에서 가장 인상적인 작품으로 꼽는다

- 지식 쌓기 확인하기

  1. 조선 왕실의 선조들이 뿌리를 내렸기 때문에.
  2. 2
  3. 3
  4. 30여 가지의 다양한 재료가 조화를 이룬다. 오
     방색을 상징하는 재료들이 사용되며, 전통적으
     로 놋그릇에 담아냈다. 밥을 지을 때 소머리를
     곤 육수를 사용해 밥알이 잘 비벼지고 윤기가
     난다.

9 문화와 혁명의 도시, 빛고을 **광주**

- 어휘 확인하기

  1. 개칭되었다
  2. 하야하게
  3. 쿠데타
  4. 계엄령
  5. 권위주의적
  6. 선고받았으나

- 표현 확인하기

  1. 회사를 발전시키고자 다양한 전략을 기획했다
  2. 성적을 올리고자 공부를 열심히 했다
  3. 건강한 몸을 갖고자 열심히 운동했다
  4. 여행을 가고자 열심히 돈을 벌었다

- 지식 쌓기 확인하기

  1. 고려 시대
  2. 4
  3. 2
  4. 유네스코 세계기록유산

10 다채로운 매력의 도시 **대구**

- 어휘 확인하기

  1. 유산
  2. 즐길 거리
  3. 외곽
  4. 구상하던
  5. 허브
  6. 고스란히

- 표현 확인하기

  1. 계단을 뛰어다니면 넘어지기 십상이다
  2. 유명 가수의 공연은 빠르게 매진되기 십상이다
  3. 늦게까지 게임하면 다음 날 지각하기 십상이다
  4. 평소에 공부하지 않으면 나쁜 성적을 받기 십상
     이다

- 지식 쌓기 확인하기

  1. 달구화는 큰 언덕이라는 뜻으로 대구가 지리적
     으로 넓고 평탄한 평야 지대에 있기 때문에.
  2. 3
  3. 3
  4. 역사적으로 문화와 예술의 허브 역할을 했고 수
     많은 대구 시민의 일상 속 특별한 추억들이 남
     아 있는 공간이기 때문에.

11 다양한 문화의 용광로, **부산**

- 어휘 확인하기

  1. 전투
  2. 중심지
  3. 팽창하며
  4. 발발하면서
  5. 애환
  6. 거래되었으며

- 표현 확인하기

  1. 한국어를 잘하는 것은 물론이거니와 일본어도 잘한다
  2. 디자인이 예쁜 것은 물론이거니와 성능도 뛰어나다
  3. 영화가 재미있는 것은 물론이거니와 배경 음악도 멋지다
  4. 공부를 잘하는 것은 물론이거니와 운동도 잘한다

- 지식 쌓기 확인하기

  1. 한국 전쟁으로 인해 부산으로 피난을 온 많은 사람들은 생활 거처를 마련하기 위해 부산의 언덕과 산비탈에 작은 집들을 짓고 정착하면서 생기게 되었다.
  2. 3
  3. 4
  4. 영화 상영은 물론이거니와 감독, 배우와의 만남, 영화 워크숍, 야외 영화 상영 등이 있다.

---

12 자연과 문화의 보석상자, 제주 ⟫

- 어휘 확인하기

  1. 세웠다
  2. 남국적
  3. 금기
  4. 화구호
  5. 절기
  6. 외지인

- 표현 확인하기

  1. 기록적인 더위는 이상 기후를 보여 준다
  2. 한국의 전통 정원은 한국인이 자연을 중요시함을 보여준다
  3. 팔에 생긴 근육은 그가 운동을 열심히 했음을 보여준다
  4. 그의 미소는 그에게 좋은 일이 있었음을 보여 준다

- 지식 쌓기 확인하기

  1. 바람, 여자, 돌이 많기 때문에.
  2. 4
  3. 2
  4. 신구간